Quelle recherche scientifique en Afrique ?

Le cas du Gabon

Études africaines

Collection dirigée par Denis Pryen

Dernières parutions

DJARANGAR DJITA ISSA, *Dictionnaire pratique du français du Tchad*, 2014.

Roger KAFFO FOKOU, *Médias et civilisations*, 2014.

Togba ZOGBELEMOU, *Droit des organisations d'intégration économique en Afrique*, 2014.

Gaston SAMBA, *Le Congo-Brazzaville, Climat et environnement*, 2014.

Déo NAMUJIMBO, *Je reviens de l'enfer, Reportage de guerre à l'est de la RD Congo (août-septembre 1998)*, 2014.

Nuah M. MAKUNGU MASUDI, *Economie mondialisée, coopératives délaissées*, 2014.

Patrice MUKATA BAYONGWA, *Remédier à l'échec scolaire dans les écoles catholiques de Bukavu (R. D. Congo), Volume 1 et 2*, 2014.

Olivier NKULU KABAMBA, *Les médecins en Afrique et la sorcellerie*, 2014.

Alexis TOBANGUI, *Défense deuxième chance et la socialisation des jeunes en difficulté*, 2014.

Hermine MATARI, *Les instituteurs dans la société gabonaise*, 2014.

Noël Christian-Bernard OBIANG NNANG, *Les empereurs romains en Afrique du Nord. Les grandes réformes du IIe au IIIe siècle ap. J.-C.*, 2014.

Pierre KIPRÉ, *Cultures et identités nationales en Afrique de l'Ouest. Le* Daà *dans la société béninoise d'hier à demain*, 2014.

Edouard Epiphane YOGO, *Etat fragile et sécurité humaine au sud du Sahara*, 2014.

Wendpanga Jacob YOUGBARÉ, *Méthodes d'aide à la décision appliquées pour le développement au Burkina Faso. La méthodologie Data Envelopment Analysis (DEA), 2014.*

Pierre KOULODJI, V*atican II et la parenté responsable. Histoire et analyse de* Gaudium et spes *50,2*, 2014.

Lucien PAMBOU, *La mondialisation, une chance pour l'Afrique ? Les Afriques noires francophones de l'ouest et du centre : sujets d'hier, acteurs de demain*, 2014.

Daniel Isaac ITOUA, *Instruments de musique traditionnelle des Mbôsi du Congo*, 2014.

Pascasie Minani PASSY, *Femmes en politique au Burundi. Leur nombre, leur influence ?*, 2014.

Elisabeth SHERIF, *Élection et participation politique au Niger : le cas de Maradi. Contribution à l'analyse électorale en Afrique*, 2014.

Daniel Franck IDIATA

Quelle recherche scientifique en Afrique ?

Le cas du Gabon

L'Harmattan

Du même auteur chez l'éditeur

Langues en danger et langues en voie d'extinction au Gabon : quand la génération des enfants se détourne des langues vernaculaires ou quand les parents détournent leurs enfants de la langue de la communauté, 2009

Les langues du Gabon. Données en vue de la réalisation d'un atlas linguistique, 2007

Parlons isangu : langue et culture des Bantu-Masangu du Gabon, 2006

L'Afrique dans le LMD (Licence-Master-Doctorat) : le cas du Gabon, 2006

Eléments de psycholinguistique des langues bantu : la question du sémantisme des classes nominales du point de vue de l'acquisition du langage chez les enfants, 2004

5-7, rue de l'École-Polytechnique, 75005 Paris
www. harmattan.com
diffusion.harmattan@wanadoo.fr
harmattan1@wanadoo.fr
ISBN : 978-2-343-03896-4
EAN : 9782343038964

Je dédie cet ouvrage à Madame Pascaline BONGO ONDIMBA et à la Fondation Omar Bongo ONDIMBA, qui ont permis de consolider le prix CENAREST de la Recherche Scientifique et Technologique en le dotant d'une enveloppe de cent cinquante mille euros chaque année, depuis 2009.

Aux chercheurs emblématiques du CENAREST au cours de mon mandat de Commissaire Général :

- **Aurélie Flore MOLOUBA LIKONDO**, IRAF
- **Jean Daniel MBEGA**, IRAF
- **Isidore MBINA**, IRAF

- **Ludovic OBIANG**, IRSH
- **Wenceslas MAMBOUNDOU**, IRSH

- **Marie-Louise RONDI**, IPHAMETRA

- **Calixte EYI NDONG**, IRT
- **Serge EKOMY ANGO**, IRT

- **Alfred NGOMANDA**, IRET
- **Donald MIDOKO IPONGA**, IRET
- **Jacques François MAVOUNGOU**, IRET
- **Joseph Vivien OKOUYI**, IRET
- **Ludovic NGOK BANAK**, IRET
- **Nestor Laurier ENGONE**, IRET
- **Philippe MBEANG MBA**, IRET

SOMMAIRE

ABREVIATIONS

ANPN	Agence Nationale des Parcs Nationaux
AS	Arboretum de Sibang
CAMES	Conseil Africain et Malgache pour l'Enseignement Supérieur
CENAREST	Centre National de la Recherche Scientifique et Technologique
CERMEL	Centre de Recherches Médicales de Lambaréné
CIRMF	Centre International de Recherches Médicales de Franceville
CNEFOR	Conseil National de l'Education, de la Formation et de la Recherche
CNRS	Centre National de la Recherche Scientifique
CRUROR/AC	Conférence des Recteurs des Universités et des Responsables des Organismes de Recherche d'Afrique Centrale
CSAQ	Conseil Scientifique d'Assurance Qualité
CSAR	Commission Scientifique sur les Autorisations de Recherche
ENS	Ecole Normale Supérieure
ENSET	Ecole Normale Supérieure d'Enseignement Technique
FDSE	Faculté de Droit et des Sciences Economiques

FLSH	Faculté des Lettres et Sciences Humaines
FMSS	Faculté de Médecine et des Sciences de la Santé
HN	Herbier National
INSAB	Institut National Supérieur d'Agronomie et de Biotechnologies
INSG	Institut National des Sciences de Gestion
IPHAMETRA	Institut de Pharmacopée et de Médecine Traditionnelle
IRAF	Institut de Recherches Agronomiques et Forestières
IRET	Institut de Recherche en Ecologie Tropicale
IRSH	Institut de Recherche en Sciences Humaines
IRT	Institut de Recherche en Technologie
JICA	Japan International Cooperation Agency
OCDE	Organisation de Coopération et de Développement Economiques
ORSTOM	Office de Recherche Scientifique et Technique d'Outre-Mer
PIR	Prime d'Incitation à la Recherche
PRASAC	Pôle Régional de Recherche Appliquée au Développement des Systèmes Agricoles d'Afrique Centrale
R&D	Recherche & Développement

ST	Sciences et Technologies
UE	Union Européenne
UOB	Université Omar Bongo
USS	Université des Sciences de la Santé
USTM	Université des Sciences et Techniques de Masuku

AVANT-PROPOS

En septembre 2007, alors que je me trouvais à Paris, en mission pour le compte du Ministère de l'Environnement, dont j'assumais les fonctions de Secrétaire général-adjoint, j'apprenais ma nomination au poste de Commissaire Général du Centre National de la Recherche Scientifique et Technique (CENAREST), j'avais sauté au plafond de la chambre d'hôtel que j'occupais. J'étais à la fois agréablement surpris et heureux de cette promotion, qui allait me donner l'opportunité de pouvoir faire quelque chose qui me plaisait vraiment : gérer la recherche scientifique du Gabon et lui apporter des réformes d'ampleur.

Le lendemain, je me rendis au CNRS où j'eus plusieurs entretiens avec des responsables. Dans la foulée, je repris langue avec le Professeur Jean-Marie HOMBERT de l'Université Lyon 2 et du CNRS pour lui proposer le poste de Conseiller du Commissaire Général du CENAREST chargé des relations internationales, avec pour principale mission de former et d'encadrer les chercheurs et de les amener à asseoir une dynamique internationale (publications dans des grandes revues, participation à des conférences et colloques, etc.). J'avais aussi souhaité le voir présider la taskforce que j'allais constituer dès ma prise de fonction, pour aider les chercheurs de notre centre à rédiger des projets et à présenter leurs thèses de doctorat, pour ceux qui avaient été recrutés avec un diplôme de niveau Bac + 5. Constituée de MOUKALA NDOUMOU (maître-assistant à l'Université Omar Bongo), de Ludovic OBINAG (alors maître de recherche au CENAREST) et de Paul POSSO (chargé de recherche au CENAREST et ancien directeur de l'IRET) autour du Professeur HOMBERT, la taskforce avait pour missions d'aider les chercheurs à écrire des projets de recherche et à répondre à des appels d'offres de financements à l'international. Ensemble, nous avons donc défini un plan stratégique que j'ai soumis au gouvernement en 2008 dans le cadre du cinquième

Conseil d'administration du CENAREST, le dernier en date. Ce document est resté sans suite jusqu'à ce jour.

Depuis lors, j'ai multiplié les contacts et les voyages à l'étranger, en Afrique centrale (Cameroun, Congo, RDC, RCA et Tchad) dans le cadre des projets de la CEMAC et/ou de l'UNESCO ; dans d'autres régions du continent (Afrique du Sud, Mozambique, Kenya, Côte d'Ivoire, Burkina Faso, Mali, Ghana, Sénégal, Ethiopie, etc.) ; en Europe (France, Belgique, Allemagne, Suisse et Pays-Bas), en Amérique (Canada, Etats-Unis et Guyana) et en Asie (Chine), pour nouer des partenariats novateurs. J'ai signé, en tout, une centaine de conventions, dont la plus emblématique est sans doute d'avoir ramené l'IRD au CENAREST, plusieurs décennies après le départ de l'ORSTOM.

Mais sept ans après ma nomination, je suis très triste et même franchement frustré de n'avoir pas pu aller au bout de mon rêve. En sept années de conviction, en effet, j'ai été confronté à une réalité implacable : l'enthousiasme et la motivation, tout seuls, ne peuvent permettre d'atteindre les objectifs, même les plus généreux. La réalité m'a appris, en effet, que de tels objectifs ne peuvent pas être atteints dans un contexte où ils dépendent plus d'une politique nationale de recherche scientifique inexistante que de la vision d'un simple Commissaire Général dépouillé de pouvoirs et sans moyens pour financer la recherche.

C'est donc pour conjurer ma frustration, que j'ai pris la décision de publier ce plaidoyer en faveur d'une réelle prise en compte de la recherche scientifique dans les politiques publiques au Gabon. Cet ouvrage doit donc être compris comme une contribution à la définition d'une politique nationale de recherche scientifique et de développement technologique.

Par étapes successives, j'ai accumulé les données au niveau national, au niveau de la CEMAC et sur des modèles de référence dans le monde, comme la Chine, les USA et le Canada, que j'ai découverts en profondeur au cours de la longue mission internationale de prospective pour la professionnalisation de l'offre de formation au Gabon, mission conduite par le Ministre en charge de la Recherche Scientifique, de novembre 2012 à janvier 2013, sans oublier l'apport de mes propres missions qui m'ont permis de connaître, de très près, certains modèles européens dont en particulier celui de l'Allemagne, en plus bien sûr de celui de la France auquel nous sommes habitués, que l'on peut considérer, à juste titre, comme des échantillons représentatifs de ce qui se fait de mieux en matière de recherche scientifique en Europe.

Mais la décision d'écrire ce livre, entre juin et décembre 2013, a été très difficile à prendre. J'ai longtemps hésité avant de franchir le pas. Il faut dire que j'ai été confronté à un écueil très important, à savoir, la crainte de ne pas être en phase avec le Gouvernement, notamment avec le Ministre de tutelle du CENAREST d'alors, à un moment où il essayait de concevoir des textes allant dans le sens de la désintégration du centre et l'affectation des instituts dans les universités. A partir du moment où je ne partageais pas cette vision et que je proposais quelque chose de totalement différent, la publication de cet ouvrage pouvait être accueillie comme une critique négative de l'action du Ministre de la part du Commissaire Général du CENAREST, pourtant un collaborateur de premier plan dudit Ministre.

Mais, à l'instar de César devant franchir ou non le Rubicon, je me suis dit « alea est » (le sort en est jeté). J'ai donc fini par surmonter cette crainte, réelle ou supposée. J'ai été d'autant convaincu de la pertinence de cette initiative par les rencontres extrêmement enrichissantes que j'ai eues avec différents acteurs de la recherche scientifique au Canada (Université d'Ottawa, Université Laval, Cité Collégiale et Ministère québécois de l'éducation), en Chine (Université de Tianjin, Université de Tahizou et Ministère chinois en charge de l'éducation) et aux États-Unis (Université d'Oregon, Oregon State University, UC Berkeley, UCLA, Université de Virginie et Howard University). Les rencontres internationales auxquelles j'ai pris part, par la suite, ont été d'un apport décisif : en mars 2013, j'ai été invité par l'UNESCO à prendre part à l'atelier « Pour une meilleure gouvernance de la science, la technologie et l'innovation (STI) : outils d'analyse et de suivi des politiques et instruments » (Dakar, 12-15 mars). En avril 2013, Monsieur Régis IMMONGAULT, Ministre des Mines et de l'Industrie, m'a fait l'honneur de présider l'atelier « Capital Humain » dans le cadre du Forum National de l'Industrie que son ministère avait organisé à Libreville du 26 au 28 avril. Du 26 au 29 mai 2013, j'ai représenté le Gabon à la rencontre ODINAFRICA de Maputo (Mozambique) sur la recherche océanographie. Du 2 au 3 septembre 2013, j'ai été invité par le Ministre sud-africain de la Science et la Technologie, Monsieur Derek HANEKOM, pour représenter le Gabon au « 13ème Conseil d'Administration du Centre des Sciences et de la Technologie du Mouvement des non-alignés » à Randton (Afrique du Sud). Du 11 au 12 novembre 2013, j'ai représenté le Gabon, à l'invitation de la Commission de l'Union Africaine, au Deuxième Forum de l'Union Africaine sur le Droit International et le Droit de l'Union Africaine à Addis-Abeba (Ethiopie).

La somme de toutes ces expériences a définitivement dopé ma motivation à publier ce livre, dont le seul objectif – je le rappelle encore – est de mettre mon expérience au service du pays, pour contribuer à définir et à mettre en œuvre une réelle politique nationale de recherche scientifique et, plus globalement, de science et de technologie.

Dans cette perspective, je suis très enthousiasmé par la posture du nouveau Ministre de l'Enseignement Supérieur et de la Recherche Scientifique, Monsieur Pacôme MOUBELET-BOUBEYA, dont les premières instructions à l'endroit du CENAREST réhabilitent, en quelque sorte, l'espoir suscité par le Plan Stratégique Gabon Emergent chez les chercheurs, jusqu'ici désabusés par tant de promesses non tenues, notamment en ce qui concerne le financement. Les orientations du nouveau Ministre offrent aussi des perspectives appréciables et réalistes quant aux réformes urgentes à mettre en œuvre pour dynamiser la recherche scientifique gabonaise.

Je voudrais donc, avant de laisser au lecteur le soin de lire son livre, pouvoir remercier tous les collègues qui ont, sous une forme ou une autre, apporté un éclairage à cette contribution. Je pense premièrement à Éric LEROY, Directeur Général du Centre International de Recherches Médicales de Franceville ; au Docteur Akim AYOLA ADEGNIKA et au Professeur Peter KREMSNER du Centre de Recherches Médicales de Lambaréné ; au Professeur Bill Raphaël BIKANGA, Vice-recteur chargé de la pédagogie et de la recherche à l'Université des Sciences et Techniques de Masuku, au Professeur Jean Claude JAMES, Doyen de la Faculté de Droit et Sciences Economiques de l'Université Omar BONGO et au Professeur Donatien NGANGA KOUYA, Directeur Général de l'Ecole Normale d'Enseignement Technique, qui m'ont fourni toutes les informations utiles sur la recherche scientifique au sein de leurs institutions respectives.

La même gratitude s'adresse aux Professeurs Jean-Marie HOMBERT de l'Université Lyon 2, Abderrazak El ALBANI de l'Université de Poitiers et Raymond MAYER de l'Université de Libreville, pour leurs critiques et suggestions. Cet ouvrage a aussi grandement bénéficié des discussions de la session du Comité Consultatif Général du CAMES (CCG) de N'Djamena en juillet 2013. Que les Professeurs Bertrand MBATCHI, Secrétaire Général du CAMES et Koffi AHADZI-NONOU, Président de l'Université de Lomé et du CCG, ainsi que l'ensemble des recteurs des universités et les responsables des centres de recherche de l'espace CAMES présents à cette session trouvent, ici, l'expression de ma profonde gratitude.

Grand Hôtel

Vienne, Autriche

Mardi le 11 mars 2014.

INTRODUCTION

Depuis le milieu des années 1990, tous les rapports d'experts locaux et étrangers y compris la Banque Mondiale, ont mis en cause l'efficacité du système gabonais de recherche scientifique dans son ensemble. D'après tous ces rapports, plus sévères les uns que les autres, la recherche scientifique gabonaise dont l'impact pour le développement du pays est quasi nul, serait caractérisée ainsi qu'il suit :

1. absence de ligne directrice ;
2. faiblesse des plateaux techniques dans toutes les disciplines ;
3. insuffisance criarde de financements publics ;
4. timidité relative de la recherche industrielle ;
5. faiblesse de l'innovation technologique ;
6. peu de rendement économique dans le secteur public aussi bien que dans le secteur privé.

Dans un tel contexte, il est très difficile d'imaginer que la recherche scientifique gabonaise puisse être capable de contribuer véritablement au développement du Gabon dont l'ambition politique est d'accéder au statut de pays émergent à l'horizon 2025. Pourtant, les mêmes rapports d'expertises reconnaissent qu'un tel objectif ne peut être atteint sans la mise en œuvre d'une véritable politique de recherche scientifique et technologique, pour trouver, sur place, des solutions endogènes de développement durable.

On sait que dans les pays développés et dans les pays émergents, la recherche scientifique et plus globalement la science et la technologie sont le moteur de la croissance économique. La science en particulier y a joué et joue encore un rôle essentiel dans la prise de conscience des enjeux et des conditions du développement, de même qu'elle anticipe les problèmes, clarifie les enjeux et en propose des solutions dans tous les domaines. Elle fournit une matière essentielle et des éclairages pertinents à la décision des acteurs sociaux et des politiques de développement.

Partant de cette évidence, l'objet de cet ouvrage est double. Il s'agit, tout d'abord, de montrer que le Gabon ne peut pas faire abstraction de la recherche scientifique et plus globalement de la science et de la technologie pour asseoir son projet de développement. Il s'agit, ensuite, de proposer une ligne directrice d'un système national de recherche scientifique susceptible de renforcer considérablement l'impact de ce secteur - méconnu et totalement incompris - dans un pays où, cinquante ans après l'indépendance, on en est encore à se demander à quoi peuvent bien servir les chercheurs.

Pour ce faire, j'ai organisé l'ouvrage en six grandes articulations. La première articulation présente une définition des concepts nécessaires à la compréhension de cet ouvrage et, plus globalement, des enjeux du débat sur la recherche scientifique au Gabon. La seconde articulation esquisse un état des lieux général de la recherche scientifique au Gabon depuis le départ de l'ORSTOM en 1976. La troisième articulation présente le schéma d'une recherche scientifique au service du développement du pays. A partir de cinq modèles de référence (Allemagne, Canada, Chine, France et USA), je propose une organisation nouvelle de la recherche scientifique susceptible de booster ce secteur. Dans la quatrième articulation, je propose des fondements d'une politique de science et de technologie (ST) au Gabon. Dans la cinquième articulation, j'esquisse un bilan de l'activité du CENAREST depuis sa création. Il s'agit d'une réponse mesurée à tous ceux qui, par ignorance ou par mauvaise foi, imputent la responsabilité de l'échec de la recherche scientifique gabonaise pendant le premier cinquantenaire du Gabon au CENAREST, considéré par ses détracteurs comme une institution incompétente et inutile. Dans la sixième articulation, je termine l'ouvrage par une série de propositions concrètes pour dynamiser le secteur de la recherche scientifique au Gabon et je montre pourquoi l'émergence annoncée du pays ne pourra être effective sans une réelle implication de la recherche scientifique dans la stratégie de développement.

1

DEFINITION DES CONCEPTS

Ce premier chapitre a pour objet de rappeler les définitions de base nécessaires pour comprendre les enjeux des problématiques développées dans ce livre. Je reprends, pour ce faire, les définitions disponibles dans n'importe quel dictionnaire spécialisé et sur nombre de sites Web d'institutions spécialisées[1].

1.1. QU'EST-CE QUE LA RECHERCHE SCIENTIFIQUE ?

Voilà une question essentielle dans l'environnement gabonais – et plus globalement dans les pays africains que j'ai visités – où, même à des niveaux supposés les plus élevés de l'échelle sociale, y compris d'ailleurs dans la haute administration, on se demande encore et toujours ce qu'est la recherche scientifique et ce que peuvent bien faire les chercheurs au quotidien pour justifier leur salaire de fonctionnaires.

Pour dire simplement les choses, et en reprenant l'excellente définition de Legendre (1993), **la recherche scientifique** est un mode d'acquisition des connaissances, qui utilise des moyens structurés et systématiques pour recueillir des données, c'est-à-dire des méthodes, en vue de mieux comprendre ou expliquer un phénomène. C'est donc un ensemble d'activités méthodiques, objectives, rigoureuses et vérifiables dont le but est de découvrir la logique, la dynamique ou la cohérence dans un ensemble apparemment aléatoire ou chaotique de données, en vue d'apporter une réponse explicite et/ou inédite à un

[1] Notamment sur le site web : http://www.techno-science.net

problème bien circonscrit ou de contribuer au développement d'un domaine de connaissances.

La recherche scientifique se décline généralement en « recherche fondamentale », « recherche appliquée » et « recherche-développement ». Ci-après, je présente succinctement ces trois types de recherches.

1.1.1. La recherche fondamentale

Si on considère le document «Encadrement communautaire des aides d'État à la recherche et au développement » (Journal officiel 2006/C 323/01 du 30/12/2006 en France), la **recherche fondamentale** désigne des travaux expérimentaux ou théoriques entrepris essentiellement en vue d'acquérir de nouvelles connaissances sur les fondements de phénomènes ou de faits observables, sans qu'aucune application ou utilisation pratiques ne soient directement prévues. Pour le CNRS[2], la recherche fondamentale a pour principal objectif la compréhension des phénomènes naturels et la mise en place de théories ou de modèles explicatifs.

A l'origine des découvertes réellement innovantes ou des sauts qualitatifs dans les performances techniques, la recherche fondamentale regroupe donc les travaux de recherche scientifique n'ayant pas de finalité économique déterminée au moment de leur initiation. Par définition, elle n'a pas de perspective économique, elle est presque exclusivement le fait de laboratoires de recherche et fait rarement l'objet de partenariats avec l'industrie ou les services[3].

1.1.2. La recherche appliquée

La **recherche dite appliquée** vise à discerner les applications possibles des résultats d'une recherche fondamentale ou à trouver des solutions nouvelles permettant à une entreprise, par exemple, d'atteindre un objectif déterminé, choisi à l'avance. Le résultat d'une recherche

[2]Définition disponible sur le site web : http://histoire-cnrs.revues.org/9141 (téléchargement effectué le 13 mars à 10H08).
[3]Définition disponible sur le site web : http://www.techno-science.net (téléchargement effectué le 20 mai 2013 à 9H08).

appliquée consiste en un modèle probatoire de produit, d'opération ou de méthode, etc.

L'instruction fiscale 4 A-3-12 du 21 février 2012 en France et le paragraphe n° 245 du *Manuel de Frascati* précisent que la recherche appliquée consiste en des travaux originaux entrepris en vue d'acquérir des connaissances nouvelles, conduits vers un but ou un objectif pratique déterminé. En cela, la recherche appliquée se distingue de la recherche fondamentale, ensemble de travaux de même nature mais entrepris sans qu'aucune application ou utilisation pratiques ne soient directement prévues[4].

1.1.2.1. Recherche fondamentale et recherche appliquée : une frontière invisible

Les deux définitions ci-dessus tendent à montrer qu'il existe une opposition nette entre « recherche fondamentale » et « recherche appliquée ». En réalité, les choses sont loin d'être aussi simples. En effet, la distinction est délicate à établir car de nombreux projets se situent à la frontière des deux, et cette frontière est parfois totalement invisible. On sait, en effet, que de nombreuses innovations majeures ont été développées dans une logique de recherche fondamentale et n'auraient pas été développées dans un cadre de recherche appliquée ; par exemple, les technologies liées au laser. Cependant, il est fréquent que des recherches entreprises dans le cadre d'une application, parfois en partenariat avec des industries, puissent avoir des implications fondamentales - ou que les chercheurs impliqués dans le projet usent de leur liberté académique pour mener conjointement leur recherche en direction de l'application et une recherche plus fondamentale sur le même sujet. Une fois encore, la frontière entre ces deux types de recherche n'est pas aussi claire que les définitions théoriques semblent le montrer.

Certains domaines de recherche tels que la littérature ou les sciences humaines n'ont pas d'applications technologiques ; leur seul but est le développement de la connaissance. Dans ce cas, on ne précise pas que

---

[4] Définition disponible sur le site : http://www.innoviscop.com/definitions/recherche-appliquee (téléchargement effectué le 20 mai 2013 à 9 heures et 17 minutes).

cette recherche est " fondamentale ", car ce sont les domaines de recherche intrinsèquement fondamentaux, puisque leur seul but est le développement de la connaissance.

1.1.3. La recherche-développement

La recherche-développement, parfois abrégée en « R et D », « R & D » ou « R-D »)[5], est une catégorie statistique, économique et comptable englobant l'ensemble des activités entreprises de façon systématique en vue d'accroître la somme des connaissances, y compris la connaissance de l'homme, de la culture et de la société, ainsi que l'utilisation de cette somme de connaissances pour de nouvelles applications. La recherche développement englobe les grandes composantes que sont la recherche fondamentale, la recherche appliquée et le développement expérimental.

Les entreprises mènent des activités de recherche et développement afin d'améliorer leurs capacités de production, ainsi que la qualité, notamment environnementale, de leur production, ou afin de créer de nouveaux biens et services, si possible en accord avec les orientations du marketing et, entre autres, en matière de développement durable. La recherche-développement est, ainsi, un élément majeur de la croissance et du développement par l'innovation, aussi bien pour une entreprise que pour un pays ou une vaste zone économique.

1.1.3.1. R-D et innovation technologique

D'après le *Manuel de Frascati* (pp. 19-20), les activités d'innovation technologique sont l'ensemble des démarches scientifiques, technologiques, organisationnelles, financières et commerciales, y compris l'investissement dans de nouvelles connaissances, qui mènent ou visent à la réalisation de produits et de procédés technologiquement nouveaux ou améliorés. La R-D n'est que l'une de ces activités, et peut être réalisée à différents stades du processus d'innovation, étant utilisée non seulement comme source d'idées innovantes, mais aussi

[5]Définition disponible sur le site Web :
http://www.innoviscop.com/definitions/recherche-appliquee (téléchargement effectué le 20 mai 2013 à 22H54).

pour résoudre les problèmes qui peuvent surgir à n'importe quelle étape jusqu'à la réalisation.

Outre la R-D, on peut distinguer d'autres domaines d'activités novatrices dans le processus d'innovation. Selon le *Manuel d'Oslo* (OCDE, 1997a), ce sont « l'acquisition de technologie et de savoir-faire non incorporés, l'acquisition de technologies incorporées, l'outillage et l'ingénierie industrielle, les études de conception industrielle (non classées ailleurs), l'acquisition d'autres équipements, le démarrage de la production et la commercialisation de produits technologiquement nouveaux ou améliorés ».

De plus, lorsqu'il s'agit d'innovations fondées sur des programmes publics de R-D, le processus peut comporter une importante étape de démonstration. D'après Glennan *et al.* (1978), une démonstration est un projet portant sur une innovation que l'on met en œuvre pour ainsi dire en grandeur nature dans des conditions réelles en vue de définir une politique nationale ou de mettre en valeur cette innovation.

1.2. LES LIEUX DE LA RECHERCHE

Les activités de recherche se font dans des cadres qui offrent aux chercheurs les moyens d'exercer leur activité. La recherche peut donc se faire individuellement ou collectivement, en laboratoires ou hors des laboratoires.

1.2.1. La recherche en laboratoire

Quel que soit le pays, les personnels travaillant dans un laboratoire diffèrent selon les types de laboratoires. On y trouve généralement des chercheurs, des ingénieurs, des techniciens, des doctorants y compris des post-doctorants ainsi que des personnels administratifs et de services. Un laboratoire de recherche peut être affilié à une université ou à un organisme de recherche. Il peut aussi être intégré au sein d'une entreprise, étant soumis, dans ce cas, à une organisation est très différente.

Selon les pays et les organismes, un laboratoire peut aussi être dénommé « centre », « département » ou « unité de recherche », de manière à désigner des structures plus ou moins grandes.

Quelle que soit la discipline, le laboratoire de recherche est le cadre le plus immédiat de la vie scientifique, celui qui permet à des chercheurs travaillant sur des problématiques voisines d'interagir. Il peut également abriter des dispositifs expérimentaux, gérer des ressources informatiques, et fournir un soutien administratif aux chercheurs.

En France, par exemple, mais c'est tout aussi valable dans d'autres pays, la taille et la structure d'un laboratoire sont très variables. Certains grands laboratoires peuvent associer des milliers de collaborateurs, physiquement éparpillés sur plusieurs lieux, dans un pays ou dans plusieurs pays (qui eux-mêmes peuvent constituer un "laboratoire", ou des "antennes" du laboratoire principal). D'autres, plus petits, rassemblent une poignée d'individus dans quelques locaux (bureaux), comme c'est le cas à l'Université Omar Bongo.

1.2.2. La recherche hors du laboratoire

Quelle que soit la discipline, l'activité de recherche a lieu aussi et surtout hors du laboratoire. Pour la collecte des données qui vont être analysées en laboratoire, le chercheur travaille généralement sur le terrain. On peut citer l'exemple du linguiste qui collecte des données d'une langue sur le terrain ; l'archéologue et le géologue qui passent un temps important pour des fouilles sur des sites précis, etc. Mais la recherche scientifique se fait aussi dans des bibliothèques et des centres d'archives, et même en ligne sur le Web.

1.3. LES PRODUITS DE LA RECHERCHE

La recherche scientifique vise, avant toute chose, à produire des connaissances scientifiques. Ces connaissances peuvent être véhiculées sous des formes diverses : des publications, des rapports, des brevets, etc. Elles peuvent aussi être incorporées dans de nouvelles machines, de nouveaux instruments ou de nouveaux dispositifs. Ce sont tous ces produits qui, en étant diffusés au sein de la communauté scientifiques, permettent au chercheur d'être reconnu par ses pairs et de recevoir, en retour, les moyens nécessaires à la poursuite de son activité.

1.3.1. Les publications scientifiques

L'expression « publication scientifique »[6] regroupe plusieurs types de communications que les chercheurs scientifiques font de leurs travaux en direction d'un public de spécialistes, après évaluation par un comité de lecture indépendant.

On peut les distinguer, selon leur support de parution :

- les **revues scientifiques**, appelées aussi journaux scientifiques. Une vraie revue scientifique est sous-tendue par un comité scientifique et connaît une parution régulière. Les revues scientifiques sont hiérarchisées en fonction de leur facteur d'impact. Le facteur d'impact, également abrégé par les sigles FI ou IF (pour l'anglais : *impact factor*), est un calcul qui estime indirectement la visibilité d'une revue scientifique. Une revue avec un IF élevé est ainsi considérée comme plus importante (plus lue et plus citée) qu'une revue avec un IF faible. Le FI d'une revue scientifique est le nombre moyen de citations de chaque article publié dans cette revue. Les facteurs d'impact ont une grande influence dans le domaine de la publication scientifique car ils servent souvent de critères d'évaluation quantitatifs. Les IF sont indexés dans le *Thomson Reuters Journal Citation Reports* et publiés tous les ans.
- les **comptes-rendus** de congrès scientifiques à comité de lecture ;
- des **ouvrages collectifs** rassemblant des articles de revue ou de recherche autour d'un thème donné, coordonnés par un ou plusieurs chercheurs appelés éditeurs ;
- des **monographies** sur un thème de recherche.

Les publications qui entrent dans un des cadres ci-dessus sont généralement les seules considérées pour l'évaluation des chercheurs (par exemple aux comités techniques spécialisés « CTS » et concours d'agrégation du CAMES) et les études bibliométriques et scientomé-

[6] Définition de l'Encyclopédie en ligne Wikipédia (téléchargement effectué le 3 septembre 2013 à 8H39).

triques. Dans certaines disciplines, les comptes rendus de congrès ne sont pas comptabilisés du fait de leur sélectivité très variable.

Sont normalement exclues de la catégorie « publication scientifique », les revues sans comité de lecture, par exemple les revues d'actualité des sociétés savantes, les comptes-rendus de conférences sans comité de lecture et les monographies d'enseignement.

Le cas des prépublications est plus complexe : il s'agit d'articles destinés en général à être formellement publiés, dans une revue par exemple, mais que leurs auteurs choisissent de mettre immédiatement à la disposition de la communauté scientifique, sur un site internet par exemple. Elles ne sont donc pas comptabilisées en tant que publications dans le cadre de la bibliométrie, mais ont le contenu d'une publication scientifique et la rigueur qu'on peut attendre d'un article n'ayant pas encore été révisé selon les commentaires d'un comité de lecture.

1.3.2. Les brevets

Un **brevet** est un titre de propriété industrielle qui confère à son titulaire un droit d'interdiction de l'exploitation par un tiers de l'invention brevetée, à partir d'une certaine date et pour une durée limitée, 20 ans en général. Certains États peuvent, au moment de l'inscription, délivrer un « brevet provisoire » et accorder un « délai de grâce » qui évite la nullité du brevet pour un inventeur ayant exposé son invention avant le dépôt de brevet, dans un cadre non confidentiel, avec comme avantage de permettre la diffusion rapide des connaissances techniques, tout en réservant l'exploitation industrielle de l'invention. Selon les pays, c'est le premier « inventeur » ou le premier « déposeur » qui a priorité pour le brevet.

Le brevet n'est valable que sur un territoire déterminé et pour un État déterminé. Ainsi, le brevet est-il toujours national. Il est possible de déposer une demande de brevet pour un État (auprès du CEPIG pour le Gabon, de l'INPI pour la France, de l'USPTO pour les États-Unis, du JPO pour le Japon, etc.), ou pour un groupe de pays (auprès de l'OAPI pour les pays africains, l'OEB pour 38 pays européens, dépôt d'une demande de brevet PCT pour les 142 pays signataires du Traité de coopération en matière de brevets). Ainsi, une demande de brevet peut couvrir plusieurs États, mais à la délivrance, il y a toujours autant de brevets nationaux que d'États où la protection est recherchée.

En contrepartie, l'invention doit être divulguée au public. En pratique, les brevets sont automatiquement publiés, 18 mois après la date de priorité, c'est-à-dire celle du premier dépôt, sauf cas particuliers. En Europe, des brevets sur des produits pharmaceutiques ou phytosanitaires peuvent être prolongés de 5 ans au plus par un certificat complémentaire de protection (règlement CE 1768/92).

1.4. LES MÉTIERS DE LA RECHERCHE

La recherche scientifique regroupe différents corps de métiers. Il y a les chercheurs, bien sûr, mais également des ingénieurs, des techniciens, des administratifs, etc.

1.4.1. Le chercheur

Est considéré comme **chercheur**, tout individu dont la fonction professionnelle consiste à contribuer, de manière originale, à la production des connaissances scientifiques. Le chercheur travaille dans un centre ou un institut de recherche, dans un laboratoire, à l'université et, parfois même, au sein d'entreprises qui disposent d'un département de recherche scientifique. Une part essentielle de la recherche scientifique, et pratiquement la totalité de la recherche fondamentale, est cependant faite soit au sein de laboratoires de recherche, soit en collaboration étroite avec ceux-ci.

La recherche n'est pas nécessairement la seule activité du chercheur. D'autres missions peuvent lui être confiées. Par exemple des missions d'expertise dans le cadre d'une entreprise. Des missions d'enseignement dans une université ou une école supérieure. Le couplage enseignement/recherche est de loin le plus courant, les universités occupant généralement, comme on le sait, une place centrale dans les systèmes nationaux de recherche.

1.4.2. L'ingénieur et le technicien de recherche

Contrairement à ce qui se fait au Gabon, où le métier d'ingénieur n'est pas reconnu à sa juste valeur et où des **ingénieurs** sont donc recrutés dans les instituts de recherche avec le statut d'attaché de recherche[7], les ingénieurs et les techniciens impliqués dans la recherche scientifique font partie de ce qu'on appelle "personnel de support de la recherche". Ils sont généralement chargés de la mise en application des expérimentations et de la conception des outils qui permettent de conduire ces expérimentations. Bien entendu, il n'est pas rare que des ingénieurs aient une véritable activité de recherche, publiant des articles et développant des travaux originaux.

Les **techniciens de recherche**, quant à eux, sont chargés de mettre en œuvre l'ensemble des techniques et méthodes concourant à la réalisation des missions des structures (centres, instituts, laboratoires de recherche) où ils travaillent et de participer à la mise au point et à l'adaptation de techniques ou méthodes nouvelles.

La distinction entre personnel de support (ingénieurs et techniciens) et chercheur renvoie presque toujours à une différence statutaire. En France, par exemple, au sein des laboratoires universitaires, les ingénieurs et les techniciens appartiennent à un corps appelé « IATOS[8] », différent de celui des chercheurs et enseignants-chercheurs. En Amé-

[7] Pour évoluer en grades (du CAMES), ils sont obligés de valider un master recherche et de soutenir une thèse de doctorat.

[8] On appelle IATOS (personnels ingénieurs, administratifs, techniques, ouvriers et de service) ou ATOSS (personnels administratifs, techniciens, ouvriers, de service et de santé), des personnels non-enseignants relevant des établissements et des services administratifs de l'enseignement et de la recherche publique. Ils représentent un peu moins d'un tiers du personnel total de l'Éducation nationale. Ils exercent dans différents services relevant des ministères de l'Éducation nationale et de l'Enseignement supérieur et de la Recherche. Ils sont présents dans les services administratifs (administration centrale, services à compétence nationale, rectorats, vice-rectorats, directions académiques), dans les établissements publics nationaux placés sous la tutelle de ces ministères, ainsi que dans les établissements scolaires, universitaires et de recherche (établissements publics locaux d'enseignement, établissements publics à caractère scientifique, culturel et professionnel dont les universités, établissements publics à caractère scientifique et technologique, etc.). Le personnel de bibliothèques travaille, en outre, dans les services relevant du ministère de la Culture. En revanche, ces personnels ne sont pas présents dans les écoles primaires où l'ensemble du personnel non-enseignant relève de la fonction publique territoriale. Ils sont suivis, au sein du secrétariat général commun aux deux ministères, par le « service des personnels ingénieurs, administratifs, techniques, sociaux et de santé, et des bibliothèques ».

rique du nord, les établissements de recherche font une différence nette entre les corps des assistants et associés de recherche et celui des chercheurs.

1.5. Le financement de la recherche

La question du financement est sans aucun doute le principal écueil du développement de la recherche scientifique dans la plupart des pays africains, et le Gabon en est la parfaite illustration.

Dans les pays développés ou les pays émergents, la plus grande partie de la recherche scientifique est financée sur fonds privés. Mais cela n'empêche pas l'État de jouer un rôle important dans le financement de la recherche publique ; c'est le cas en France, en Allemagne, en Suisse, au Canada ou encore aux USA, pour me limiter à ces exemples de pays développés. Ces financements peuvent être attribués directement à des chercheurs ou à des équipes de recherche, à des laboratoires, à des institutions, à des groupements d'institutions, etc.

1.6. L'evaluation de la recherche

Quel que soit le mode de financement (public ou privé ou les deux à la fois), les activités et les résultats de recherche scientifique doivent être évalués. Dans le cas de la recherche fondamentale, cependant, il est difficile, au moins à court terme, de déterminer la portée des résultats obtenus. L'évaluation se base donc sur des indicateurs relevant de la communication de résultats par les chercheurs, la continuité des recherches basées sur ces résultats, la reconnaissance des avancées réalisées par la communauté scientifique, et, dans les cas où cela serait pertinent, la valorisation commerciale ou sociale des résultats. Cette évaluation peut être effectuée sur une base individuelle ou collective.

Qu'il s'agisse de la recherche fondamentale, de la recherche appliquée ou de la recherche développement, il convient de distinguer l'évaluation de la recherche et l'évaluation des chercheurs.

Concernant *l'évaluation de la recherche* elle-même, les formes de cette évaluation diffèrent très sensiblement selon les secteurs. Elles peuvent porter sur plusieurs niveaux : les chercheurs eux-mêmes, leurs laboratoires et les institutions accueillant ceux-ci. De surcroît, les systèmes nationaux de recherche sont eux-mêmes évalués et comparés entre eux, en vue d'améliorer et d'adapter les politiques de recherche.

Concernant *l'évaluation des chercheurs*, elle se fait à deux niveaux :

1. par leurs institutions (**évaluation institutionnelle**), qui, en se basant sur des procédures et des critères particuliers, déterminent ainsi l'évolution de leur carrière ;
2. par leurs pairs (**évaluation par les pairs**), qui évaluent en permanence la valeur de leurs travaux scientifiques (l'exemple du CAMES).

Bien entendu, ces deux formes d'évaluation sont liées, la première reposant en grande partie sur la seconde, qui est la pierre angulaire du fonctionnement de la science.

1.7. L'EVALUATION DES PROJETS DE RECHERCHE

L'évaluation d'un projet de recherche se fait en amont et en aval. Dans le contexte académique, l'initiative d'un projet peut être le fait d'un chercheur, ou d'un groupe de chercheurs ayant une expérience suffisante pour discerner une direction intéressante de recherche, basée sur les travaux précédents de la communauté scientifique. Une fois la problématique posée, les chercheurs peuvent définir une démarche qui soit susceptible de lui apporter des éléments de réponse, ce qui définit un projet.

Les besoins en moyens humains, matériels et financiers peuvent alors être évalués et exprimés. Parfois, ceux-ci peuvent être déjà entièrement couverts par des moyens à la disposition des chercheurs dans leurs laboratoires ou leurs centres de recherche. La plupart du temps, cependant, il est nécessaire ou souhaitable de disposer de moyens supplémentaires pour des frais de déplacement (réunions entre chercheurs travaillant dans des lieux différents), l'embauche de personnels contractuels (par exemple des chercheurs en post-doctorat) ou de moyens expérimentaux, d'enquête, etc. Dans les pays qui ont défini une véritable politique de recherche scientifique avec des instruments de financement et de mise en œuvre (on peut prendre l'exemple de la France avec les différentes agences), une demande de financement doit donc être déposée auprès de l'organisme de financement de la recherche. Le succès de cette demande dépendra des choix de politique scientifique de l'organisme.

1.8. L'ORGANISATION DE LA RECHERCHE

Plusieurs niveaux d'organisation de la recherche peuvent être distingués : le niveau des institutions, des États et des entités supranationales, mais aussi celui des entités infranationales (communes, collectivités locales, etc.).

Cette organisation est sous-tendue, en amont, par la politique de recherche définie par le pays et comprend fatalement les institutions ou opérateurs de recherche scientifique. On sait que c'est d'abord au niveau de ces institutions qu'est organisée la recherche scientifique. Ce sont ces institutions qui peuvent définir les dispositifs d'évaluation et organiser la répartition des moyens, structurer les équipes, etc.

1.9. POLITIQUE NATIONALE DE RECHERCHE SCIENTIFIQUE

L'absence de politique de recherche scientifique est, sans aucun doute, le premier grand écueil du développement d'un véritable système national de recherche scientifique dans la plupart des pays africains ; le Gabon en est la parfaite illustration.

Dans les pays développés ou dans les pays émergents, les États définissent des politiques de recherche scientifique qui déterminent non seulement le financement public dédié à la recherche, mais aussi une grande partie du contexte institutionnel et juridique de cette dernière. Cette politique nationale de recherche scientifique doit préciser, en particulier, toutes les questions sur le pilotage de la recherche et sur les grandes orientations stratégiques.

1.10. VALORISATION DE LA RECHERCHE SCIENTIFIQUE

Les retombées issues des progrès de la science (la recherche scientifique) sont de plusieurs ordres et ils bénéficient à différents acteurs :

1. les **retombées technologiques**

   L'amélioration de notre maîtrise du monde permet de proposer des produits et services nouveaux ou moins coûteux aux consommateurs. *In fine* les bénéficiaires en sont les consommateurs et les producteurs de ces biens et services. Les travailleurs peuvent également en bénéficier par l'amélioration de leurs conditions de travail ;

2. les **retombées stratégiques et géostratégiques**

   Les États possédant une avance scientifique sur les autres sont avantagés et peuvent monnayer leur technologie contre des privilèges (par exemple le transfert de technologies contre l'ouverture du marché) ou exercer un droit de regard sur les projets d'autres États. Les entreprises privées disposant d'une avance scientifique, de la même façon, sont avantagées par rapport aux concurrents (il suffit de se remémorer la bataille entre Apple et SAMSUNG dans le domaine de la téléphonie mobile pour s'en convaincre) ;

3. les **retombées sociétales**

   La recherche peut permettre de déceler des dysfonctionnements et des améliorations possibles aux systèmes sociaux, au bénéfice des populations ou des organisations qui les administrent. Les chercheurs peuvent également jouer un rôle d'experts indépendants, permettant de baser une décision politique sur un compte-rendu non biaisé des risques et avantages des différentes options.

Ces retombées rendent la recherche scientifique incontournable, dès lors qu'elle n'enfreint pas les principes d'éthique et de précaution. Le jeu des intérêts des bénéficiaires potentiels conduit donc les décideurs politiques et économiques à organiser et à financer la recherche. Cependant, ces décideurs ne peuvent maîtriser le processus qui mène à la découverte scientifique, celle-ci n'étant pas toujours concevable au moment où les recherches sont entreprises : le pilotage de la recherche n'est donc possible que de façon limitée.

Le rôle d'expertise dévolu aux chercheurs suppose aussi que ceux-ci soient indépendants d'intérêts commerciaux et de dogmatismes qui pourraient biaiser leurs résultats. L'organisation et le financement de la recherche doivent donc permettre l'autonomie de la science.

Afin de concilier ces différentes contraintes, un système complexe s'est peu à peu mis en place depuis 1945 en France, avec un équilibre sans cesse modifié entre pilotage extérieur et autonomie des chercheurs, entre évaluation administrative et celle par les pairs et où interviennent des capitaux publics et privés ; le tout dans un cadre fixé par la législation.

Enfin, une nouvelle approche dans l'intégration de la recherche dans la société civile émerge actuellement, où des associations peuvent faire des appels d'offre pour des recherches qui seront ensuite subventionnées.

2

LA RECHERCHE SCIENTIFIQUE AU GABON : ETAT DES LIEUX

Ce deuxième chapitre, qui reprend pour l'essentiel le texte que j'ai publié en 2010 dans le premier volume de « Cinquante ans de recherche scientifique au Gabon » (IDIATA, GONZALEZ et OBIANG, 2010), fait le point à la fois de l'organisation de la recherche au Gabon, des grands acquis de la recherche scientifique nationale et des principales insuffisances d'un secteur qui demeure, malgré le travail remarquable de certains des chercheurs, encore anecdotique, du moins en ce qui concerne la recherche publique.

2.1. Organisation

De façon générale, la recherche scientifique au Gabon repose sur l'existence, depuis 1976, d'un département Ministériel spécifique chargé de coordonner l'ensemble de l'activité de recherches d'intérêt national telle qu'elle se déploie au sein des institutions publiques (notamment dans les universités et centres de recherche), des organismes internationaux et du secteur privé. Ce rôle de coordination comprend diverses fonctions : définition des priorités de la politique nationale, évaluation des projets, promotion de la production scientifique. A cet effet, deux organes techniques avaient été prévus : d'une part, le Centre National de la Recherche Scientifique et Technologique (CENAREST), créé en 1976 pour élaborer les projets de programmes nationaux de recherche scientifique, en assurer l'exécution et exercer son contrôle sur toute recherche conduite sur le territoire national ; et d'autre part, le Conseil National de la Recherche Scientifique et Technologique (CONAREST), qui n'a jamais fonctionné, bien que sa mise en place ait été également envisagée depuis 1976, comme organe interministériel devant regrouper l'ensemble des Départements impliqués dans la Recherche, avec pour rôle essentiel d'approuver, en dernier ressort, les programmes nationaux soumis au Gouvernement par le CENAREST. Bien plus tard, le CONAREST a été remplacé par la Commission Interministérielle pour la Recherche Scientifique (CIMIR)[9], chargée de gérer la politique de recherche du Gouvernement, en approuvant les programmes nationaux et le projet du budget. L'arsenal institutionnel a été complété par la mise en place d'un Conseil Scientifique National (C.S.N.), organe technique réunissant les représentants des diverses institutions nationales de recherche, avec pour rôle de proposer les programmes de recherche et d'assurer le suivi de l'exécution des projets de recherche. En 2001, les prérogatives du CENAREST ont été clairement renforcées par la loi 22/2000 déterminant les principes fondamentaux de la recherche scientifique en République gabonaise. En 2012 enfin, la loi 21/2011 portant orientation générale de l'éducation, de la formation et de la recherche a été promulguée le 14 février.

Il convient certainement de se féliciter de la volonté manifestée par les pouvoirs publics de promouvoir une véritable activité de recherche scientifique axée sur le développement. Malheureusement, sans doute à cause de l'inexistence d'une véritable politique de programmation de la recherche et de moyens publics et/ou privés, aussi bien en ce qui concerne les structures (plateaux techniques) que les moyens financiers, les résultats de la recherche scientifique gabonaise, à l'exception de quelques rares domaines, comme la santé, n'ont eu jusqu'à présent qu'un impact marginal sur le processus de développement du pays.

2.2. Les structures et les equipements

En ce qui concerne les structures et les équipements, il convient de faire une distinction nette entre les établissements publics et les structures privées et semi-privées.

---

[9]Le CIMIR a été convoqué pour la seule et unique fois en 2008 par le Professeur Albert ONDO OSSA, alors Ministre de la recherche scientifique. Les résolutions de cette session ont rejoint, dans les tiroirs ou les poubelles, les nombreux rapports et recommandations de séminaires et forums organisés par la plupart des ministères et qui coûtent tant d'argent aux contribuables.

2.2.1. Dans les etablissements sous tutelle du Ministere de la recherche scientifique

2.2.1.1. Le CENAREST

Le CENAREST est l'organe d'exécution, de coordination et de contrôle de l'ensemble des activités de recherche scientifique sur le territoire national. Cette institution est née en 1976 sur les cendres des structures coloniales de l'Office de Recherche Scientifique et Technique d'Outre-Mer (ORSTOM) dont elle est censée avoir hérité.

Avant cette date, les activités de recherche scientifique et technique étaient principalement effectuées au Gabon par l'Office de Recherche Scientifique et Technique Outre-Mer (ORSTOM), le Centre Technique Forestier Tropical (CTFT) et le Centre National de la Recherche Scientifique (CNRS) de France.

En 1977, par une convention signée à Paris, entre les Gouvernements gabonais et français, le CENAREST bénéficie, de fait, des anciens locaux du CTFT, de l'ORSTOM et du CNRS. C'est ainsi que si certains Instituts de Recherche du CENAREST ont été créés spontanément, d'autres par contre proviennent de ces anciens centres français.

Conformément à l'ordonnance N°6/76 du 20 janvier 1976 portant création du CENAREST d'une part, au décret N°322/PR/MRSEPN portant organisation du CENAREST d'autre part, à la loi N°22/2000 du 10 janvier 2001suscitée, le CENAREST s'est vu attribuer le rôle d'organe technique de coordination et d'application de la politique nationale de recherche. A ce titre, il a eu pour missions :

- élaborer des projets de planification de la recherche scientifique à soumettre au Conseil Interministériel pour la Recherche Scientifique (CIMIR) ;
- exécuter les programmes de recherche ;
- exercer le contrôle permanent de l'exécution des programmes élaborés par les organismes de recherche non nationaux qui utilisent les matériaux scientifiques gabonais ;
- assurer la coordination des activités de recherche scientifique et technique ;

- assurer le transfert et l'adaptation des technologies en vue de leur application au développement social et économique du Gabon ;
- promouvoir les structures nationales de recherche ;
- favoriser la formation et la promotion des chercheurs nationaux ;
- faciliter les échanges entre chercheurs dans le cadre d'une coopération scientifique à l'échelon tant national qu'international ;
- établir un réseau d'informations scientifiques et techniques.

Pour atteindre ces missions essentielles au développement du pays, le CENAREST a été placé sous la tutelle du Ministère de l'Enseignement Supérieur, de la Recherche Scientifique et du Développement Technologique. Il a été constitué d'un Commissariat Général et de cinq instituts de recherche que sont : l'Institut de Pharmacopée et de Médecine Traditionnelle (IPHAMETRA), l'Institut de Recherches Agronomiques et Forestières (IRAF), l'Institut de Recherches en Ecologie Tropicale (IRET), l'Institut de Recherches en Sciences Humaines (IRSH) et l'Institut de Recherches Technologiques (IRT).

A. L'IPHAMETRA

Créé par le décret N° 1161/PR/MRSEPN du 11 décembre 1976 et placé sous la double tutelle du Ministère en charge de la Recherche Scientifique et du Développement Technologique et de celui chargé de la santé publique, cet institut de recherche scientifique est dédié à l'étude de la pharmacopée et de la médecine traditionnelle. Il a pour mission de :

- étudier les herbes et les plantes médicinales, alimentaires et toxiques; les produits et procédés utilisés en médecine traditionnelle ;

- établir la liaison et la coordination entre la médecine conventionnelle et la médecine traditionnelle ;
- promouvoir une collaboration étroite entre les praticiens des deux médecines ;
- apporter un soutien aux tradithérapeutes ;
- exploiter la flore gabonaise par des études scientifique multidisciplinaires ;
- mettre au point une pharmacopée gabonaise et produire des médicaments traditionnels améliorés ;
- promouvoir la formation des chercheurs et des techniciens.

Photo 1. Vue du complexe de l'IPHAMETRA à Libreville

Photo 2. Vue du complexe de l'IPHAMETRA à Libreville

L'IPHAMETRA dispose de trois laboratoires plus ou moins fonctionnels, à savoir :

- un laboratoire de phytochimie et de pharmacologie ;
- un laboratoire de médecine traditionnelle ;
- un laboratoire de toxicologie.

Il dispose en outre d'un centre de thérapeutique traditionnelle, d'un herbier national et d'un arboretum (l'arboretum de Sibang).

En termes de capacités humaines, cet institut compte actuellement 24 chercheurs et une dizaine de techniciens de recherche.

B. L'IRAF

L'Institut de Recherche Agronomiques et Forestières (IRAF) a été créé par décret N°01159/PR/MRSEPN du 11 décembre 1976. Il est placé sous la triple tutelle du Ministère de la Recherche Scientifique et du Développement Technologique, du Ministère de l'Agriculture et du Ministère de l'Économie Forestière. Il a pour missions de :

- entreprendre et développer les recherches sur les productions végétales, animales, forestières, halieutiques et sur l'économie rurale pour le développement économique et social du Gabon ;
- œuvrer au développement de la coopération scientifique interafricaine et internationale dans le domaine de ses compétences ;
- mener, au profit des investisseurs, des études de projets dans les domaines agronomiques et forestiers (études techniques et économiques) ;
- promouvoir la formation des chercheurs nationaux, des techniciens, des producteurs et des étudiants.

A partir de ces quatre missions, l'IRAF devait contribuer au développement du pays en :

- ✓ constituant une banque de données sur les sols, les productions végétales, animales, forestières, halieutiques et sur l'économie rurale pour assurer le développement durable du Gabon ;
- ✓ augmentant la productivité ;
- ✓ aidant à l'amélioration de la sécurité alimentaire ;
- ✓ contribuant à l'aménagement des forêts et à l'industrialisation de la filière bois ;
- ✓ renforçant les capacités du pays dans ses domaines de compétence.

Photo 3. Vue du bâtiment de l'IRAF à Libreville

Pour mener ses activités de recherche l'IRAF compte, en théorie, six laboratoires de recherche, une station d'expérimentation, une menuiserie et un garage. Sur la base de la Loi des finances 2013, la liste des laboratoires est établie comme suit :

- Laboratoire des Sols
- Laboratoire de Production des Végétaux
- Laboratoire de Production Animale
- Laboratoire d'Hydrologie
- Laboratoire d'Economie Agricole et Forestière
- Laboratoire d'Agroforesterie

En termes de capacités humaines, l'IRAF compte 64 chercheurs et une dizaine de techniciens de recherche.

C. L'IRET

Créé par le décret N°001867 du 25 novembre 1985, l'Institut de Recherches sur l'Écologie Tropicale (IRET) est placé sous l'autorité du Centre National de la Recherche Scientifique et Technologique (CENAREST) et sous la Tutelle du Ministère de la Recherche Scientifique et du Développement Technologique. Cet institut a pour principale mission d'étudier le fonctionnement global des écosystèmes en milieu gabonais, notamment leur stabilité et leur potentiel de transformation.

Photo 4. Vue du bâtiment de l'IRET à Libreville

L'IRET dispose d'un laboratoire de microbiologie à Libreville et d'une station expérimentale – la station d'Ipassa-Makokou – dans la province de l'Ogooué-Ivindo.

En termes de capacités humaines, cet institut compte 41 chercheurs et une quinzaine de techniciens de recherche.

D. L'IRSH

L'Institut de Recherche en Sciences Humaines (IRSH) a été créé le 8 décembre 1976 par décret N° 01181/PR/MRSEPN. Il est placé sous la double tutelle du Ministère de la Recherche Scientifique et du Développement Technologique et du Ministère de la Culture. Cet institut a pour mission l'étude de l'Homme, de la société et des rapports de l'Homme avec son espace de vie. Aussi, se charge-t-il :

- d'étudier toutes les données qui relèvent de la spécificité du genre humain ;
- de rassembler et divulguer tous les travaux de recherche et études relevant de la nature de l'Homme et des rapports de celui-ci avec la société dans laquelle il vit ;
- d'entreprendre et initier des thématiques et problématiques de recherche en rapport avec la société, en conformité avec la politique nationale de recherche scientifique, dans le souci du développement économique, social, politique et scientifique du pays.

Photo 5. Vue du bâtiment de l'IRSH au sein de l'UOB

En théorie, et en théorie seulement, l'IRSH dispose de neuf laboratoires de recherche, à savoir :

- un laboratoire de recherche en études politiques et de défense ;
- un laboratoire de recherche sur l'identité littéraire négro-africaine ;
- un laboratoire de recherche sur l'éthique appliquée ;
- un laboratoire de recherche sur le développement et la culture ;
- un laboratoire de recherche sur les dynamiques sociales ;
- un laboratoire de recherche sur les écosystèmes humides et marins ;
- un laboratoire de recherche sur l'environnement et le développement ;
- un laboratoire de recherche en télédétection-SIG ;
- un laboratoire de recherche sur la communication.

Dans les faits, il s'agit en réalité d'équipes de recherche regroupées autour de thématiques de recherche d'intérêt commun plutôt que de véritables laboratoire tels qu'on peut les voir au CIMRF ou au CERMEL par exemple.

En termes de capacités humaines, l'IRSH compte actuellement 129 chercheurs et une dizaine de techniciens. C'est l'institut qui compte l'effectif de chercheurs le plus important.

E. L'IRT

L'Institut de Recherches Technologiques (IRT) a été créé par le décret N°01159/PR/MRSEPN du 11 décembre 1976. Il est placé sous la tutelle du Ministère de la Recherche Scientifique et du Développement Technologique. Il a pour mission de :

- étudier les matières premières disponibles sur le sol et dans le sous-sol du Gabon afin de reconnaître l'utilité de leur transformation industrielle ainsi que d'établir les méthodes technologiques d'extraction des substances utiles qu'elles contiennent et qui peuvent faire l'objet d'exploitation industrielle ou artisanale au service du développement du pays ;

- étudier l'appareillage des divers procédés technologiques d'origine étrangère ou conçus localement, par la mise en œuvre d'unités pilotes en vue de l'expérimentation de leur fonctionnement dans les conditions locales et de l'évaluation de leur performance technique et économiques ;
- promouvoir une collaboration étroite entre la recherche des technologies adaptées et l'industrie en exploitation au Gabon, pour que le choix des objectifs de la recherche et les résultats obtenus puissent être appliqués et servir au développement du pays ;
- entreprendre, à son initiative ou sur demande extérieure, les études de faisabilité de projets industriels portant notamment sur la technologie et son adaptation aux conditions offertes au Gabon ;
- promouvoir la formation des chercheurs en matière de recherche technologique ;
- promouvoir l'étude du matériel génétique d'origine animale et végétale en vue d'obtenir des produits améliorés.

Photo 6. Vue du bâtiment de l'IRT à Libreville

En termes de capacités humaines, l'IRT compte 16 chercheurs dont à peine trois sont titulaires du diplôme de doctorat et une dizaine de techniciens de recherche.

F. Eléments de synthèse

Du point de vue des structures et des équipements, la situation des instituts du CENAREST est globalement catastrophique. Si l'IPHAMETRA dispose de bâtiments modernes datant des grandes constructions de 2002-2004, cet institut attend toujours d'être correctement équipé en laboratoires de recherche pour pouvoir effectuer ses missions.

L'IRAF dispose d'un bâtiment de direction qui a été remis à neuf, il y a quelques années, même s'il manque toujours les équipements scientifiques nécessaires. Il dispose d'un laboratoire virtuel de biotechnologie et d'un laboratoire de pédologie hérité de l'ORSTOM, mais qui n'a plus rien à avoir avec son lustre d'antan. Par ailleurs, la station de recherche de Ndouaniang qui aurait permis aux ingénieurs agronomes et aux chercheurs de réaliser des expérimentations sur le terrain est aujourd'hui laissée à l'abandon en pleine forêt.

L'IRET dispose d'un bâtiment administratif et d'un laboratoire de biotechnologie à Libreville. Il bénéficie, en outre, d'une station de recherche située dans le parc national de l'Ivindo, à dix kilomètres de la ville de Makokou (Station d'IPASSA) et d'une autre station de recherche en cours de construction dans le parc national de MOUKA-LABA-DOUDOU (province de la Nyanga). Si la station d'IPASSA a bénéficié du soutien de l'Union Européenne[10], ce qui a permis de remettre à neuf les vieux bâtiments laissés par les structures françaises et de construire un grand bâtiment polyvalent, la station de MOUKA-LABA-DOUDOU, en cours de construction, est le fait du projet PROCOBHA financé par la JICA, sans aucune contrepartie gabonaise, à ce jour.

L'IRSH occupe un bâtiment au sein de l'Université Omar Bongo, où plus de cent chercheurs s'entassent pour essayer de trouver un cadre de travail.

L'IRT, quant à lui, qui n'a de technologique que le nom, n'a aucune véritable structure et aucun équipement pour prétendre faire une recherche de qualité dans ses domaines de compétence.

---

[10] Déjà présente à Makokou à travers le projet d'Ozala et déterminée à apporter une contribution significative à l'appel des Chefs d'États de la CEMAC lors du sommet de Yaoundé de1991 et au « Plan de convergence » de la COMIFAC, l'UE décida, avec le soutien du Ministère du plan, en sa qualité d'ordonnateur national du FED, de financer, à hauteur de 4,7 millions d'Euros, le projet PSVAP-FED/ACP GA 009. La composante II Makokou dudit projet avait pour objet la réhabilitation des installations de la station d'Ipassa et la redynamisation de la recherche dans les pays du bassin du Congo. Grâce à la manne financière des fêtes tournantes de l'année 2003, la province de l'Ogooué-Ivindo s'est impliquée très fortement dans la réfection de la route qui mène à la station et la réparation de la ligne téléphonique. Par la suite, l'UE financera, dans le cadre de 9ème FED, la construction d'un bâtiment polyvalent équipé d'une bibliothèque, d'une salle internet, d'une salle de conférence et de plusieurs bureaux. Cet ensemble a été inauguré en janvier 2006 par Madame Georgette KOKO alors Premier Vice-premier Ministre du Gouvernement. La station d'Ipassa est ainsi devenue le premier centre de recherche en écologie tropicale du monde. C'est ce qui justifie la place qu'elle a occupé dans le grand projet FORENET (UE-ACP) présenté dans cet ouvrage, qui a permis de mettre en réseau les chercheurs de plusieurs continents travaillant sur les trois plus importantes forêts tropicales du monde (forêt amazonienne, forêt du bassin du Congo et forêt indo-papou malaise).

Dans l'ensemble donc, la situation des équipements et des structures au CENAREST n'est guère meilleure que dans les universités et écoles supérieures publiques. A cela s'ajoute l'insuffisance de personnes ressources, à peine deux directeurs de recherche et seulement quatre maîtres de recherche en près de quarante années d'existence.

2.2.1.2. Les universités

Même si la situation de la recherche scientifique varie d'une université à une autre et d'un laboratoire à un autre, on sait que l'Université gabonaise est le creuset de la Recherche scientifique nationale.

A. L'UOB

L'Université Omar Bongo comprend deux facultés : la Faculté des Lettres et Sciences Humaines (FLSH) et la Faculté de Droit et Sciences Economiques (FDSE). Chacune de ces facultés compte plusieurs laboratoires de recherche :

Sur la base de la Loi de finances 2013, la FLSH compte 22 laboratoires :

- CELIG
- CERAFIA
- CERGEP
- CERHEA
- CERMA
- CERP
- CRAHI
- CREDUF
- CREHA
- CRELAF
- CRELL

- CREP
- CRES
- CURFOD
- GRELACO
- ICAD
- LABAN
- Laboratoire de langues
- LAGRAC
- LANA
- LANASPET
- LUTO

Sur la base de la Loi de finances 2013, la FDSE compte quatre laboratoires de recherche :

- Centre d'Etudes et de Recherches en Développement International et Management des Organisations (CERDIMO) ;
- Centre d'Etudes et de Recherches en Droit et Institutions politiques (CERDIP) ;
- Laboratoire d'Aide en Techniques quantitatives (LABAT) ;
- Laboratoire d'Economie Appliquée (LEA).

B. L'USS

Au sein des universités, centres de recherche et écoles supérieures publics, les laboratoires de recherche dont l'action paraît beaucoup plus visible et significative pour les populations du fait de leur impact direct sont, sans aucun doute, ceux de l'USS :

- Laboratoire d'anatomie et cytologie pathologiques ;
- Laboratoire d'anatomie ;

- Laboratoire de bactériologie-virologie ;
- Laboratoire de biochimie ;
- Laboratoire de parasitologie-mycologie ;
- Laboratoire de pharmacologie ;
- Laboratoire de toxicologie.

C. L'USTM

L'université des Sciences et Techniques de Masuku est constituée de trois établissements : la Faculté des Sciences, l'Ecole Polytechnique et l'Institut National Supérieur d'Agronomie de Biotechnologies (INSAB). Elle compte six Unités de Recherche. Chacune de ces unités compte un ou plusieurs laboratoires de recherche :

- **L'Unité de Recherche Agrobiologie (URAB)**
    - Laboratoire Science des Aliments
    - Laboratoire de production et de santé animale (LAPROSAN)
    - Laboratoire de phytopathologie
    - Laboratoire de biodiversité, biologie et physiologie végétales
    - Laboratoire de Physiologie Animale

- **L'Unité de Recherche en Science de la Terre et de l'Environnement (URESTE)**
    - Laboratoire des Sols et Altération de surface (LSAS)
    - Laboratoire de Géochimie isotopique, Géochronologie et Pétrologie (LGIGP)
    - Laboratoire de Sédimentologie et Géologie des bassins sédimentaires (LSGBS)

- **L'Unité de Recherche en Chimie (URCHI)**
    - Laboratoire de substances naturelles et synthèse organométallique
- **L'Unité de Recherche en Physique (URPHY)**
    - Laboratoire d'Optique, Lasers et Applications
- **L'Unité de Recherche en Mathématiques et Informatique (URMI)**
    - Etant donné le nombre restreint de chercheurs, et pour coller avec les tendances actuelles, notamment en France, dans la recherche en mathématiques, l'URMI a opté pour un fonctionnement en Unité Mixte de Recherche, c'est-à-dire sans laboratoires spécifiques mais plutôt en équipes de recherche selon les spécialités des chercheurs.
- **L'unité de Recherche en Mécanique des Matériaux (URMM)**
    - Laboratoire de Mécanique et de Modélisation des Matériaux (L3M)
    - Laboratoire des Énergies Renouvelables

2.2.1.3. Les écoles supérieures publiques

A. L'ENS

L'Ecole Normale Supérieure compte sept laboratoires de recherche, qui collent à ses missions de formation des enseignants des lycées et collèges dans différentes disciplines :

- Laboratoire des Sciences de la Vie et de la Terre (**LASCIVIT**) ;
- Laboratoire de Recherche en Education (**LARED**) ;
- Groupe de Recherche en Sciences Humaines et Sociales (**GRESHS**) ;

- Centre de recherches Appliquées et Arts et aux Langues (**CRAAL**) ;
- Laboratoire Pluridisciplinaire des Sciences (**LAPLUS**) ;
- Laboratoire de Recherche en Mathématiques et Applications (**LAREMA**) ;
- Laboratoire de Sciences de l'Homme et de la Dynamique du Langage (**LASCIDYL**).

B. L'ENSET

L'école Normale Supérieure d'Enseignement Technique (ENSET) compte trois laboratoires de recherche :

- Laboratoire de Recherche en Enseignement Technologique et Professionnel (LAREPT) ;
- Atelier de génie civil (AGECI) ;
- Laboratoire de Recherche en Technologies des Systèmes (LARTESY).

C. L'INSG

La recherche est très embryonnaire à l'Institut National des Sciences de Gestion (INSG). Un seul laboratoire de recherche y est enregistré. Il s'agit du Centre de Recherche en Management (CEREM).

Dans tous ces établissements, des équipes d'enseignants-chercheurs et d'étudiants des cycles supérieurs se consacrent à une activité de recherche très importante malgré le fait que les différentes unités ne sont pas toujours dotées de structures adéquates, à quelques rares exceptions près. La situation est, du reste, accentuée par la faiblesse des équipements nécessaires : moyens de déplacement ; matériel informatique ; instruments de laboratoire ; fonds documentaires ; supports de publication de niveau international et absence quasi généralisée de financements (tant publics que privés). De même, malgré la présence, dans toutes les universités, de scientifiques compétents et motivés, il faut bien reconnaître, comme au CENAREST, l'existence de simples projets de recherche isolés, ne s'intégrant pas dans un programme national. Une telle réalité hypothèque encore gravement l'activité de recherche scientifique au Gabon.

2.2.2. Au sein d'autres Ministères du gouvernement

Plusieurs autres ministères du gouvernement ont, en principe, des activités de recherche scientifique. C'est par exemple le cas du Ministère de l'Industrie et des Mines avec son laboratoire des mines et de géologie ; du Ministère de la Construction et de l'Equipement avec son laboratoire du bâtiment ; du Ministère de l'Agriculture avec sa direction de la recherche, son Office de Recherches, d'Introduction, d'Adaptation et d'Amélioration du Matériel végétal (ORIAM) et ses nombreuses agences, ou encore le Ministère de la Santé à travers les structures hospitalières comme le laboratoire d'analyses médicales du CHU de Libreville et les nombreux autres structures au sein des différents CHU du pays.

2.2.3. Dans les structures privées

Je limite ma présentation aux structures majeures de la recherche scientifique gabonaises que sont le CIRMF et le CERMEL. D'autres structures existent, comme le Smithonian, le WCS, entre autres, dont l'activité de recherche est très significative dans leurs domaines de compétence.

A. Le CIRMF

Le Centre International de Recherches Médicales de Franceville (CIRMF) est une association à but non lucratif reconnue d'utilité publique et inaugurée le 5 décembre 1979 par le Président Omar BONGO ONDIMBA. D'abord consacrées à la problématique d'hypofécondité et de santé périnatale au Gabon, les activités du CIRMF se sont rapidement orientées dans un premier temps vers le VIH-SIDA et le paludisme, et dans un deuxième temps vers les maladies virales émergentes telles que la fièvre hémorragique Ebola ou la fièvre à chikungunya.

Le CIRMF emploie aujourd'hui environ 120 salariés. Il s'étend sur une superficie de 40 hectares et comprend des laboratoires de type P2 et des laboratoires de haute sécurité de type P3 permettant la manipulation des agents microbiens les plus dangereux pour l'homme. Le CIRMF est à l'heure actuelle un des seuls instituts de recherche en Afrique doté de telles structures et de laboratoires. Ses activités portent désormais exclusivement sur les maladies infectieuses, et mettent l'accent sur le rôle de veille microbiologique et d'aide à la santé publique.

Le programme de recherche s'articule autour des quatre axes prioritaires suivants :

1. Identification des agents pathogènes associés à un syndrome clinique chez l'homme ou chez l'animal, caractérisation du syndrome et des paramètres biologiques et biochimiques associés. L'objectif ici est d'apporter un diagnostic aussi complet que possible pour aboutir *in fine* à l'identification de l'agent pathogène impliqué dans le syndrome clinique exploré.

2. Caractérisation complète du génome des agents pathogènes identifiés et étude de l'évolution génomique. Le projet associé à cet axe consiste à réaliser une sorte d'état des lieux de la "*biodiversité microbiologique*" des zones forestières tropicales, et à procéder à un véritable inventaire des agents pathogènes ou potentiellement pathogènes pour l'homme et l'animal. L'objectif ultime de ce projet est de participer à l'amélioration de la connaissance générale des agents pathogènes présents dans les forêts tropicales humides d'Afrique centrale afin de mieux prévoir le risque d'émergence des *"nouvelles"* maladies. Ce programme prévoit la recherche d'agents pathogènes des deux côtés de la barrière d'espèces, chez les animaux sauvages, généralement porteurs sains, et chez l'homme lors de la présentation d'un syndrome clinique tel qu'évoqué précédemment.

3. Modalités d'émergence et de circulation des agents pathogènes (identification de réservoirs animaux, modalités d'émergence chez l'homme, modalités de diffusion chez l'homme et caractéristiques épidémiologiques). L'émergence d'une nouvelle maladie, ou la transmission d'un agent pathogène d'un animal à l'homme, fait intervenir une succession d'étapes conditionnées par des facteurs nombreux et variés liés aux environnements écologiques et socioculturels, au virus lui-même, aux défenses immunitaires, ou encore aux mécanismes cellulaires de l'infection. Le projet associé à cet axe ambitionne d'étudier une partie des facteurs impliqués dans chacune des trois étapes conduisant à l'émergence réelle d'un virus chez l'homme.

4. Evaluation et suivi de l'efficacité de schémas thérapeutiques : mutations, variabilité génétique et résistance aux médicaments des agents pathogènes. Dans le contexte d'utilisation à grande échelle de molécules thérapeutiques, l'apparition de plus en plus rapide de formes résistantes aux traitements utilisés à un moment donné devient un véritable problème de santé publique. Ainsi, de nombreuses souches de VIH résistantes aux antirétroviraux (ARV), de nombreuses souches plasmodiales résistantes à différents antipaludéens et de nombreuses bactéries résistantes aux antibiotiques sont apparues ces dernières années, principalement dues à une variabilité des agents pathogènes concernés, à l'utilisation à grande échelle des molécules thérapeutiques et au non-respect fréquent des schémas thérapeutiques. Outre une recrudescence des formes cliniques, ces résistances sont souvent associées à l'apparition de formes cliniques sévères et à une augmentation du taux de mortalité. Dans un tel contexte, le projet associé à cet axe vise à renforcer les études de suivi et d'évaluation immunologique et microbiologique des différents traitements utilisés en routine aujourd'hui au Gabon (ARV, antipaludéens, antibiotiques), d'évaluer les risques d'échec thérapeutique et d'identifier les régions du génome associées à la survenue des résistances.
Dans le cadre de ses missions, le CIRMF dispose des structures suivantes :

Structure d'ensemble

- ✓ 2500 m^2 de bâtiments : administration, bureaux, laboratoires
- ✓ Environ 1500 m^2 de laboratoires
- ✓ 1 laboratoire d'analyses médicales
- ✓ 1 laboratoire de haute sécurité de type P3
- ✓ 1 laboratoire de très haute sécurité de type P3+

- ✓ 1 complexe vétérinaire : bloc opératoire, salle de radiologie, salle de soins, bureaux
- ✓ 1 centre de primatologie : 8 cages de 40 m^2 chacune, 3 grandes cages de 200 m^2 chacune et un enclos d'environ 10 hectares

Matériel scientifique

- ✓ 3 chaines ELISA
- ✓ 2 cytomètres en flux
- ✓ 1 luminex (Bioplex 200, Biorad)
- ✓ 10 thermocycleurs
- ✓ 5 thermocycleurs temps réel
- ✓ 1 automate broyeur (2000 Geno/Grinder, SPEX)
- ✓ 2 extracteurs d'acides nucléiques (EZ1, Qiagen)
- ✓ 3 chaines électrophorèse + imageur
- ✓ Automates d'analyses médicales (biochimie, hématologie, drépanocytose)
- ✓ Microscopes

Equipement

- ✓ Etuves CO2 : 15
- ✓ Postes à Sécurité Microbiologique + hottes: 20
- ✓ Centrifugeuses
- ✓ Matériel informatique

Stockage

- ✓ Congélateurs -80°C : 20
- ✓ Appareil à fabrication d'azote liquide
- ✓ Bonbonnes azote liquides et sèches

- ✓ Congélateurs -20°C
- ✓ Réfrigérateurs

Photo 7. Vue aérienne du CIRMF

B. Le CERMEL

Le Centre de Recherches Médicales de Lambaréné (CERMEL) est une association à but non lucratif affiliée à l'Hôpital Albert Schweitzer de Lambaréné. Pour mémoire, cet hôpital a été fondé en 1913 par le célèbre docteur Albert Schweitzer. Il abrite ce centre qui avait été mis en place en 1980 sous le nom de Laboratoire de Recherches, puis d'Unité de Recherches Médicales en 2006. Il est devenu CERMEL en 2010. Depuis 1991, le CERMEL est placé sous la direction du Professeur Peter G. KREMSNER, directeur scientifique de la Fondation internationale de l'Hôpital Albert Schweitzer et directeur de l'Institut de Médecine Tropicale de l'Université de Tübingen en Allemagne.

Le CERMEL développe son activité scientifique autour des principales thématiques que sont les maladies infectieuses tropicales endémiques au Gabon, au premier rang desquelles le paludisme, la schistosomiase, la filariose et les helminthes intestinales, la tuberculose et le VIH/SIDA.

Les missions principales du centre sont :

- Contribuer, grâce à des activités de recherche fondamentale, à une meilleure compréhension des maladies infectieuses endémiques touchant de façon prédominante les populations de la province du Moyen-Ogooué, du Gabon et plus globalement de la région tropicale de l'Afrique.
- Contribuer à améliorer les soins médicaux curatifs et préventifs des infections et maladies citées grâce à des activités de recherche clinique appliquée.
- Promouvoir un centre d'excellence en Afrique centrale en assurant la mise à disposition d'un environnement de recherche et de formation de haute qualité pour les experts et les jeunes chercheurs.

Pour atteindre ses objectifs, le CERMEL dispose de plateaux techniques ultramodernes :

- un laboratoire de recherches dédié à l'immunologie et à la biologie moléculaire ;
- un laboratoire de parasitologie ;
- un laboratoire de tuberculose ;
- un laboratoire de microbiologie ;
- un laboratoire clinique (pour le diagnostic et les analyses médicales).

A ces laboratoires, sont associées des structures de soutien :

- un département informatique ;
- un département de qualité, contrôle et qualité assurance ;
- un département des ressources humaines et administratives ;

- un département d'intendance et logistique ;
- un département financier et comptable.

Du point de vue des structures et équipements, le CERMEL, à l'instar du CIRMF, est très bien outillé pour permettre aux chercheurs de travailler dans des conditions optimales :

STRUCTURES

- ✓ Trois bâtiments : administration, bureaux, laboratoires
- ✓ Deux bâtiments annexes pour dépôt et salle d'examen

Matériel scientifique

- ✓ 2 lecteurs ELISA
- ✓ 3cytomètres en flux (FacsCalibur, Accuri, Partec)
- ✓ 1 Luminex (Bioplex 200, Biorad)
- ✓ 3 Thermocycleurs (2 PCR conventionnel et 1 PCR temps réel)
- ✓ 2 chambres d'électrophorèse
- ✓ Automates d'analyses médicales (biochimie, hématologie, chimie)
- ✓ Microscopes optiques
- ✓ 2 Microscopes à fluorescence
- ✓ 1 appareil de photo-documentation (UV)
- ✓ 1 automate pour culture MTB en milieu liquide MIGT
- ✓ 2Bactecs

Equipement

- ✓ 4 Etuves à CO2
- ✓ 1 Etuve a CO2/O2/N2
- ✓ 8 Hottes à flux laminaire

- ✓ 4 Centrifugeuses réfrigérées
- ✓ 5 Microcentrifuges
- ✓ Matériels informatiques

Stockage

- ✓ 3 Congélateurs -80°C
- ✓ 1 Congélateur -150°C
- ✓ 1 Appareil à fabrication d'azote liquide
- ✓ Bonbonnes azote liquides et sèches
- ✓ 15 Congélateurs -20°C
- ✓ 10 Réfrigérateurs

En termes de ressources humaines, le CERMEL compte une vingtaine de chercheurs, médecins et post-doctorants ; une vingtaine d'étudiants nationaux et internationaux inscrits en master et en doctorat ; une dizaine de personnels de soutien logistique et administratif ; une cinquantaine de personnels techniques et de terrain.

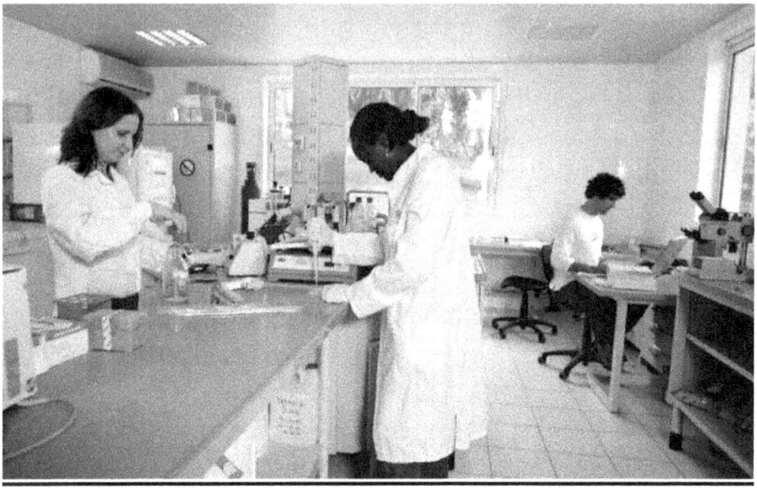

Photo 8. Vue d'un laboratoire du CERMEL

On voit donc, en ce qui concerne les équipements, que l'image qu'offrent le CIRMF et le CERMEL est franchement exceptionnelle pour le Gabon et même pour la plupart des pays africains. Elle contraste fortement avec ce que l'on peut voir dans les universités publiques et au CENAREST où, dans la plupart des cas, et lorsqu'ils existent, les équipements sont totalement obsolètes. Je voudrais, pour illustrer cette situation absolument regrettable, prendre l'exemple du Laboratoire de Pédologie de l'IRAF, dont les équipements légués par l'ORTSOM nagent dans des toiles d'araignées. Dans la plupart des cas, les différents laboratoires essaient de s'appuyer sur leurs partenariats à l'extérieur pour trouver des solutions. C'est le cas, pour prendre un autre exemple, du Laboratoire de biotechnologie de l'IRET en cours d'équipement par la JICA dans le cadre du projet PROCOBHA que je présenterai dans la suite de l'ouvrage.

2.3. Le financement

Le financement de la recherche scientifique est le principal goulot d'étranglement de la recherche scientifique publique dans la plupart des pays africains et le Gabon est, là encore, la parfaite illustration. Bien sûr, il faut, comme pour les structures et équipements, faire une distinction nette entre le CIRMF et le CERMEL qui sont des structures privées (des associations) et les établissements publics.

Ces deux structures sont de véritables outils de recherche de niveau mondial, dotées d'équipements et de financements adéquats. Pour prendre l'exemple de l'année 2012 et cela est valable pratiquement pour toutes les années budgétaires, le budget du CERMEL, constitué par les dons du Gouvernement allemand, de l'UE et des financements de la Bill & Melinda Gate Foundation, était de **1.674.033 euros**, soit environ **1.096.491.615FCFA**, soit environ deux fois le budget du CENAREST[11]. Pour prendre un autre exemple, celui du budget 2013 du CIRMF, il était de **4.100.000 euros** (soit environ **2.700.000.000 FCFA**). Ce budget, qui représente près de quatre fois celui du CENAREST, hors salaires des chercheurs et prime d'incitation à la recherche, est constitué de la subvention de l'Etat (près de 500.000 000 de FCFA), de la subvention de la PID (un peu plus de deux milliards

[11]En faisant abstraction des salaires des chercheurs y compris la prime d'incitation à la recherche.

de FCFA) et de divers financements (environ cent trente-quatre millions de FCFA).

Dans les établissements publics, si l'effort du Gouvernement a été constant en ce qui concerne les budgets de fonctionnement, les salaires[12] (chercheurs, enseignants-chercheurs, personnels administratifs et de services) et diverses primes et indemnités, notamment la « fameuse » PIR[13] objet de tant de grèves du fait des retards de paiement, la situation est différente en ce qui concerne le financement des activités de recherche (programmes et projets) et les équipements au sein des unités et laboratoires de recherche.

Du fait sans doute de l'absence d'une ligne directrice et de programmation, la recherche scientifique n'a été, jusqu'ici, financée que de manière anecdotique. A peu près de 1995 à 2008, chaque université bénéficiait d'un petit fonds de 100 millions de FCFA dont elle définissait elle-même la clé de répartition entre les charges communes et les dotations aux laboratoires. Depuis 2010, ce fonds a disparu des écrans radars sans aucune explication.

Au CENAREST, la situation n'est guère plus reluisante. La plupart des laboratoires ou ce qu'il est convenu d'appeler ainsi disposent d'un budget de fonctionnement qui varie, dans la Loi de Finances 2013 par exemple, de **1.250 000 FCFA** (environ 1.900 euros) pour la plupart des laboratoires de l'IRSH à **7.780 000 FCFA** (environ 11.877 euros) pour le Centre de Thérapeutique Traditionnelle de l'IPHAMETRA. Il faut dire que depuis 2008, l'Etat n'a pas alloué un seul centime de Franc pour financer les projets de recherche et les équipements. Les montants attestés dans les différentes lois de finances pourtant votées par l'Assemblée Nationale depuis 2010, sont restés dans le domaine du virtuel.

---

[12] Au Gabon, un enseignant-chercheur ou un chercheur en début de carrière reçoit un salaire mensuel de 981000 FCFA (environ 1497 euros). Ce salaire comprend le salaire de base identique pour tous les fonctionnaires de la catégorie A1, une prime de logement de 200.000/mois (environ 300 euros), une prime de recherche de 500.000 FCFA/mois (environ 750 euros), une prime de transport de 36000/mois (environ 55 euros), une indemnité de spécialité de 25000/mois (environ 38 euros).

[13] A l'issue des dernières négociations de 2013 entre le Gouvernement et les syndicats, la PIR est payée à hauteur de **500.000 FCFA/mois** pour les chercheurs et enseignants chercheurs recrutés après 1991 et à **300.000 FCFA/mois** pour ceux qui ont été recrutés avant 1991.

Dans un tel contexte, il est difficile d'imaginer que la recherche publique gabonaise puisse avoir des résultats convaincants, notamment en recherche appliquée ou en recherche-développement. Ses pourfendeurs ont donc beau jeu de dénoncer son inefficacité et même de remettre en cause son existence.

De mon point de vue, pour régler une fois pour toutes la question du financement de la recherche scientifique au Gabon et espérer arriver à un financement plus efficient, on doit absolument passer par le nécessaire décloisonnement au niveau de l'affectation des crédits entre les principaux secteurs bénéficiaires de crédits de recherche ou d'études (Ministère chargé de la Recherche, autres Ministères techniques, entreprises privées) en réussissant une meilleure coordination des efforts de recherche grâce aux instruments que je propose dans ce livre, notamment l'Agence Nationale de la Recherche dont la principale mission sera de financer la recherche scientifique au Gabon.

2.4. LA PRODUCTION SCIENTIFIQUE ET SES APPLICATIONS

2.4.1. Profil général

Au niveau de la production scientifique et de sa contribution au développement national, les acquis de la recherche scientifique gabonaise, en dépit des faiblesses objectives qu'on peut lui opposer, peuvent être considérés comme encourageants dans l'ensemble. Ce qui apparaît, de prime abord, comme la principale faiblesse de cette recherche, c'est le fait que ses résultats se limitent, dans la majorité des domaines, à promouvoir la carrière des chercheurs et des enseignants-chercheurs aux CTS et aux concours d'agrégation du CAMES, plutôt que de soutenir le développement du pays.

En ce qui concerne les publications scientifiques, on peut dire que par rapport à leur nombre, le Gabon est passé d'une situation de totale invisibilité, il y a une quarantaine d'années, à un niveau de performance de ses chercheurs et enseignants-chercheurs tout à fait remarquable aujourd'hui. Dans l'espace CAMES, par exemple, les publications d'universitaires gabonais sont reconnues dans la plupart des domaines. Evidemment, au niveau mondial, notamment du fait de publications exclusivement en français – ce qui handicape sérieusement la visibilité des productions gabonaises – le taux de citations des publications scientifiques gabonaises dans la plupart des disciplines reste encore anecdotique, même s'il augmente progressivement depuis une dizaine d'années. De fait, le parent pauvre de la science gabonaise demeure les sciences dures, notamment les mathématiques, la physique et les hautes technologies, ce qui fait que le pays reste terriblement dépendant dans ces domaines pour lesquels il existe très peu d'experts nationaux de haut niveau.

Concernant le développement industriel, la contribution gabonaise est quasi-nulle. Le pays ne dispose pratiquement pas de brevets susceptibles de promouvoir un développement industriel et d'asseoir une dynamique d'exportations basée sur une véritable production locale des biens et services. Cinquante ans après l'indépendance, l'économie gabonaise est donc encore et toujours dépendante de l'exportation des matières premières. Tout cela, pour dire que la recherche scientifique gabonaise n'a pas encore réussi à avoir un impact positif sur la croissance économique du pays, ce qui la rend peu crédible aux yeux de l'opinion.

Dans un contexte aussi peu favorable, la création par le CENAREST en 2008 d'un prix de la recherche scientifique et technologique doté d'une enveloppe de cent millions de Francs CFA (cent cinquante mille euros) qui récompense le(s) lauréat(s) du grand prix Omar BONGO ONDIMBA, la plus haute distinction de ce concours, a fortement contribué à réhabiliter et valoriser l'image des chercheurs et à crédibiliser la recherche scientifique au Gabon.

2.4.2. Malgré tout, des résultats probants

Si on considère **le développement économique du pays de façon globale**, tout d'abord, divers domaines ont particulièrement retenu l'attention des chercheurs. En **sciences et techniques**, une contribution remarquable a trait à l'entomologie, grâce aux travaux de spécialistes gabonais qui permettent désormais de connaître efficacement les ravages causés aux arbres fruitiers par la cochenille des manguiers. En matière de **pêche et de pisciculture**, au sein du CENAREST par exemple, l'Institut de Recherche en Agronomie Forestière (IRAF) a expérimenté l'élevage de certaines espèces halieutiques (tilapias en particulier). Ce type de projets porteurs aurait gagné à être conduit sur la base de contrats de partenariat public-privé, dans des rivières et étangs sur différents sites du pays. En matière de **contrôle de la qualité alimentaire**, les multiples problèmes de consommation posés à la population par la vente anarchique de denrées et boissons diverses mises sans contrôle sur le marché préoccupent depuis longtemps certains chercheurs du CENAREST. Aussi, leur compétence a-t-elle un moment été sollicitée pour le fonctionnement de l'éphémère Laboratoire de contrôle alimentaire mis en place par le Ministère du Commerce en 1994.En matière d'**Aménagement du Territoire, d'Urbanisme et d'Habitat**, des enquêtes de terrain et de nombreuses études au profit de certains Ministères (Planification et Aménagement du Territoire, Urbanisme et Habitat), avec le concours notamment des départements de Sociologie et de Géographie de l'UOB, ont contribué à la réalisation de nouveaux schémas d'aménagement de certaines villes et d'infrastructures de transport du pays (routes, ports et aéroports). Cette expertise a également concerné la réalisation d'équipements collectifs de la Société Nationale Immobilière (SNI), ainsi que les travaux de voirie et d'assainissement, en particulier à Libreville, Port-Gentil et Mouila.

En matière d'**environnement et de protection de la nature**, les recherches les plus significatives sont faites aussi bien par l'Institut de Recherche en Ecologie Tropicale (IRET) du CENAREST dont l'expertise est reconnue à l'international, que par les ONG comme le WCS, le WWF ou encore le Smithonian, pour me limiter à ces trois exemples parmi tant d'autres. On doit aussi mentionner la contribution significative du Ministère chargé de l'Environnement, à travers deux projets. Le premier est représenté par le Centre National Antipollution (CENAP), qui a (a eu ?) un contrat avec la Société d'Energie et d'Eau du Gabon (SEEG) pour les analyses de la qualité de l'eau et qui a réalisé une carte des principales pollutions au Gabon. L'autre projet est représenté par le Plan National d'Action pour l'Environnement (PNAE), qui met en œuvre des actions planifiées de protection de l'environnement sur la base de programmes des organismes internationaux.

En matière de **santé publique**, il y a lieu de signaler la contribution de la Faculté de Médecine et des Sciences de la Santé de l'USS, au sein des laboratoires de biochimie, de parasitologie, de pharmacologie, de virologie. Ces recherches portent sur les services précieux rendus aux différentes unités sanitaires publiques ou privées du pays, en assurant dans leurs laboratoires spécialisés, les analyses médicales. Elles s'étendent aussi à la recherche de pointe : en parasitologie, par exemple, pour l'amélioration de la thérapeutique du paludisme , en génétique humaine, pour le traitement de la drépanocytose ; en cancérologie, pour le dépistage des cancers fréquents au Gabon (sein, prostate, col de l'utérus, etc.).

Il n'est pas possible de parler de recherche gabonaise en matière de santé sans faire mention de l'apport capital, depuis une trentaine d'années, du Centre International de Recherches Médicales de Franceville (CIRMF). Initialement orienté aux pathologies parasitaires et à la fécondité humaine, les thématiques de recherche se sont, au cours des années, élargies aux études fondamentales et épidémiologiques concernant les problématiques majeures de l'Afrique Centrale, notamment le neuropaludisme, les rétrovirus humains et simiens, les fièvres hémorragiques virales (comme Ebola), les maladies virales transmises par les insectes (comme la fièvre Dèngue).

On doit aussi mentionner la contribution du CERMEL (Centre de Recherches Médicales de Lambaréné), dont les structures exemplaires permettent à une équipe internationale de mener des recherches sur les parasites et leur implication dans les maladies, le paludisme occupant une place importante. Les recherches du CERMEL portent aussi sur la bilharzie, les vers intestinaux, les infections bactériennes et la physiopathologie des maladies allergiques.

Dans le domaine de la linguistique, les recherches effectuées sous l'impulsion de divers spécialistes, notamment de l'UOB (au sein du LUTO, du GRELACO, du LABAN, entre autres), de l'Université Libre de Bruxelles (Musée Royal de Tervuren), de l'Université Lumière Lyon 2 (laboratoires LAPHOLIA et DDL), l'Université Stellenbosch en Afrique du Sud, … ont enregistré des résultats remarquables dans la description des diverses langues et la mise en évidence de groupes ou familles linguistiques. Aujourd'hui, plus de 70% des langues inventoriées disposent au moins d'une étude phonétique/phonologique sommaire. Plusieurs langues disposent de dictionnaires et de grammaires. En 2012, le premier Atlas des langues du Gabon a été publié.

Dans le domaine des **coutumes, mœurs et mentalités,** de nombreuses contributions de chercheurs des départements de Psychologie, de Sociologie, d'Anthropologie et d'Histoire de la Faculté des Lettres et Sciences Humaines de l'UOB permettent, aujourd'hui, d'avoir une bonne connaissance de nos cultures traditionnelles, avec leur évolution à travers les époques. Il en ressort la prise de conscience d'un certain nombre de valeurs véhiculées par ces cultures et qui doivent, dans la construction d'un Etat moderne, sous-tendre le progrès national. Mais, dans le même temps, de fortes pesanteurs sociologiques sont mises en lumière, dont l'éradication, en particulier à travers l'éducation populaire et civique, conditionne un développement durable.

La recherche **archéologique** a pris un essor considérable à partir de 1981, avec près de 200 datations au radio carbone de nombreux sites archéologiques découverts dans diverses provinces (Haut-Ogooué, Estuaire, Ogooué-Maritime, Ngounié, etc.). Cela permet une meilleure connaissance de la Préhistoire et de l'Histoire du peuplement actuel du Gabon.

Dans les domaines de **l'économie et du droit** à l'Université Omar Bongo, au sein des laboratoires de recherche comme le Laboratoire d'Economie Appliquée (LEA) ou le CERDIP et la gestion à l'Institut National des Sciences de Gestion, d'importants travaux ont été réalisés, avec des résultats très satisfaisants.

3

VISION D'UN SYSTEME NATIONAL DE RECHERCHE SCIENTIFIQUE ET TECHNOLOGIQUE AU SERVICE DU DEVELOPPEMENT DU PAYS

Dans ce chapitre, je définis, tout d'abord, les trois fonctions d'un système national de recherche scientifique que je propose pour le Gabon, à savoir, l'orientation, la programmation et les activités de recherche à proprement parler. Je présente, ensuite, quelques modèles de référence, pour enfin dévoiler les actions qui me paraissent essentielles à la mise en œuvre d'un système national de recherche scientifique véritablement utile au développement du Gabon.

3.1. RAPPEL DES TROIS FONCTIONS D'UN SYSTEME NATIONAL DE RECHERCHE SCIENTIFIQUE

3.1.1. L'orientation

L'orientation est une fonction essentielle dans la définition d'un système national de recherche scientifique. Elle consiste, pour un pays, à définir les grands axes de la politique scientifique pour les prochaines années. Il s'agit donc de préciser les domaines stratégiques sur lesquels le pays fonde son projet de développement et dont il attend des solutions de la recherche scientifique.

3.1.2. La programmation

Dans un système national de la recherche, la programmation reflète la déclinaison de l'orientation nationale de la recherche. L'État fixe le cap, avec de grands objectifs et planifie les moyens (organisation, structures, ressources humaines, financement, etc.). Cette programmation doit donc traduire la problématique de développement économique, social et culturel du pays en un ensemble cohérent d'objectifs et d'actions de recherche scientifique et de développement. Dans la plupart des pays, une loi de programmation de la recherche scientifique est prise pour asseoir le dispositif.

3.1.3. Les activités de recherche

Après l'orientation générale et la programmation de la recherche, la troisième fonction concerne la mise en œuvre des activités de recherche dans le pays. On le verra dans les exemples qui suivent, les activités de recherche sont réalisées dans les universités, dans les centres de recherche et même au sein des entreprises.

3.2. CINQ MODELES DE REFERENCE

Pour aider à bien apprécier les propositions que je formule pour contribuer à définir et mettre en œuvre un système national de recherche scientifique au Gabon, et pour que tous les lecteurs soient parfaitement instruits des mêmes réalités, il me paraît nécessaire que l'on s'inspire des modèles des pays aujourd'hui développés ou émergents qui sont cités en exemple.

Je limite mon propos à cinq cas parmi les pays les plus performants au monde : le modèle français, le modèle chinois, le modèle allemand, le modèle canadien et le modèle des États-Unis. Cette présentation reprend, pour l'essentiel, telles quelles les données de Sandrine AVRIL, Isabelle CLAUSS, Valérie DEVAUX, Cécilia FABRY et Alain TRAMONTI(2006). Cette publication que je recommande tout particulièrement est disponible sur le Web[14].

3.2.1. Le cas de la France

3.2.1.1. Organisation

L'organisation de la recherche publique française est centralisée autour du ministère de l'Education nationale, de l'Enseignement supérieur et de la Recherche. Elle repose sur un double dispositif avec d'un côté

---

[14] Données disponibles sur le site : http://lara.inist.fr/bitstream/handle/2332/1174/INIST. Téléchargement effectué le 26 août 2013 à 21 heures précises.

les organismes nationaux et de l'autre les universités. La volonté de rapprocher les deux structures se traduit par la mise en place d'unités mixtes de recherche (ou unités associées) qui sont des laboratoires dont la tutelle est partagée par un ou plusieurs organismes de recherche ou universités. Les établissements ayant une activité de recherche peuvent être classés en différentes catégories :

- les universités ;
- les établissements Publics à caractère Scientifique et Technologique (EPST) ;
- les établissements Publics à caractère Industriel et Commercial (EPIC) dont 5 relevant du ministère de la Recherche ;
- les établissements Publics à caractère Administratif (EPA) dont 2 sous tutelle ou cotutelle du ministère chargé de la Recherche ;
- les fondations et autres institutions ;
- les établissements Publics à caractère Scientifique, Culturel et Professionnel (EPSCP) ;
- les Groupements d'Intérêt Public(GIP).

Le Ministère délégué à l'Enseignement supérieur et à la Recherche

Le ministère de l'Education nationale, de l'Enseignement supérieur et de la Recherche dispose d'un Ministère délégué à l'enseignement supérieur et à la recherche.

Le ministère délégué à la Recherche prépare et met en œuvre les grandes orientations de la politique nationale : sciences de la vie, sciences et technologies de l'information et de la communication, énergie et développement durable, etc. Il est le garant d'une bonne diffusion des résultats de la recherche afin que chaque citoyen dispose d'informations, de repères et de clés de compréhension propres à l'éclairer sur les enjeux de la science. Pour renforcer les liens entre science et société, le ministère mène une politique active en matière de culture scientifique et technique.

Depuis son origine, le ministère chargé de la recherche est une administration de mission centrée sur des fonctions d'élaboration de politique et d'évaluation, plus que de gestion. Cette structure administrative légère d'environ 400 personnes comprend :

- la direction de la recherche
- la direction de la technologie
- la mission scientifique, technique et pédagogique
- un service de communication

Le ministère assure la tutelle des organismes de recherche qu'il peut partager avec un ou plusieurs ministères.

Au niveau territorial, il s'appuie sur des Délégations Régionales à la Recherche et à la Technologie (DRRT), relais d'information ascendante et descendante entre le ministère, les citoyens, les collectivités et des instances académiques et économiques.

Des instances d'évaluation exercent traditionnellement des fonctions de conseil et de contrôle de la politique de recherche. La recherche publique est réalisée par les organismes de recherche et les universités.

Autres Ministères concernés par l'activité de la recherche

✓ Ministère de l'intérieur

Le centre d'études et de prospective conduit ses travaux en liaison avec les services centraux et décentralisés du ministère. Il peut s'assurer la collaboration de personnalités qualifiées extérieures au ministère et confier des études ou des recherches à des organismes extérieurs au ministère. Ces études peuvent soit résulter d'un accord passé avec un chercheur ou une équipe pluridisciplinaire, soit découler de l'inscription du CEP dans des partenariats d'institutions qui arrêtent un programme en commun. Le CEP est partie prenante d'un groupement d'intérêts scientifiques sur l'administration locale en Europe (GRALE), associant d'une part, le CNRS, les Universités de Paris I et de Lille II ainsi que l'IEP de Bordeaux et, d'autre part le Sénat, la DATAR, la Caisse des dépôts et consignations ainsi que le groupe Vivendi.

✓ **Le Ministère des affaires sociales, du travail et de la solidarité**

Le programme 2006 de la Direction de l'Animation de la Recherche des Etudes et des Statistiques (DARES) reprend les trois axes de travail définis en 2005 : mondialisation et emploi, sécurisation des trajectoires, qualité de l'emploi et cohésion sociale. Un quatrième axe de travail sur le fonctionnement du marché du travail s'y ajoute. Plusieurs appels à recherche seront lancés dans cette optique.

✓ **Le Ministère des affaires étrangères**

Le Centre d'Analyse et de Prévision (CAP) créé en 1973 dispose de crédits d'études et de fonctionnement qui sont utilisés pour confier des travaux à des consultants individuels ou à des centres de recherche ainsi que pour organiser des colloques et des rencontres informelles.

Le ministère des Affaires étrangères entretient un dialogue et une coopération étroite avec les centres indépendants que sont l'Institut français des relations internationales, le CERI (Centre d'Etudes et de Recherches Internationales), la Fondation pour la recherche stratégique, l'Institut de relations internationales et stratégiques et le Centre Thucydide.

✓ **Le Ministère de la défense**

En 2005, 15 milliards d'euros étaient dédiés aux crédits d'équipement et de recherche et 1,34 pour l'effort global de recherche.

- **La recherche bio-médicale**

En ce qui concerne la Recherche bio-médicale, les axes de recherche sont les suivants :

- Risque chimique, radiations
- Maintien des capacités opérationnelles
- Soins et prévention
- La recherche en ergonomie et psychologie
- Risque biologique naturel et provoqué
- Soutien médico-chirurgical des forces

Ici, les Etablissements de recherche sont les suivants :

- Centre de recherche Émile Pardé
- Institut de médecine tropicale
- Quatre établissements du Service de santé
- Institut de médecine aérospatiale (IMASSA)
- Institut de médecine navale du Service de santé des armées (IMNSSA).

- **La recherche technologique**

La DGA finance des activités de recherche et de technologie sous la forme de contrats d'études regroupés en programmes d'études pluriannuels en amont, qui concourent à l'atteinte du modèle de capacités technologiques.

La DGA travaille avec les milieux de la recherche civile. Les experts scientifiques de la DGA participent aux RRIT (Réseaux de Recherche et d'Innovation Technologique) mis en place par le ministère de la Recherche.

La DGA assure, pour le compte du ministère de la Défense, la tutelle de l'ONERA (Office National d'Etudes et de Recherches Aérospatiales), de l'institut de recherches franco-allemand de Saint-Louis (ISL) et du centre national d'études spatiales (CNES) (tutelle partagée avec le ministère de la Recherche).

- **La recherche en sciences humaines**

L'activité de recherche s'organise autour de trois domaines :

- Histoire: création de bourses de thèses en sciences humaines et sociales.
- Sociologie: création d'un Observatoire de la féminisation ; leC2SD (Centre d'études en sciences sociales de la défense) sélectionne les projets sur la base d'appels à propositions largement diffusés. Les études sont confiées principalement aux enseignants-chercheurs des universités et aux chercheurs du CNRS.
- Economie et statistiques: L'Observatoire Economique de la Défense (OED) est un service d'études et recherches en matière économique, statistique et financière.

✓ Le Ministère de l'équipement, des transports, du logement, du tourisme et de la mer

La Direction de la Recherche et des Affaires Scientifiques et Techniques (DRAST), constituée d'une cinquantaine d'agents, assume des fonctions de pilotage, d'animation et d'incitation en étroite liaison avec les autres directions d'administration centrale de l'Équipement et le ministère chargé de la Recherche. Le réseau scientifique et technique du ministère qu'elle anime est constitué d'une trentaine d'organismes, services, centres d'études et écoles.

Les crédits de recherche du ministère (hors programmes aéronautiques) inscrits dans le Budget Civil de la Recherche et du Développement (BCRD) sont d'environ 100 millions d'euros. Ils financent les actions engagées par la DRAST au titre des programmes de recherche - dont PREDIT (Programme National de Recherche et d'Innovation dans les Transports Terrestres) et RGC&U (Réseau Génie Civil et Urbain) - et concourent au soutien des programmes de recherche des organismes et écoles - Météo-France, CSTB (Centre Scientifique et Technique du Bâtiment), ENPC (Ecole Nationale des Ponts et Chaussées) et ENTPE (Ecole Nationale des Travaux Publics d'Etat) - ainsi qu'aux dépenses de fonctionnement de ces derniers.

✓ Le Ministère de l'écologie et du développement durable

Au sein de la direction chargée des études économiques et de l'évaluation environnementale, le Service de la Recherche et de la Prospective (SRP) est chargé de la recherche, prospective et veille scientifique dans les champs de l'écologie et du développement durable. Il finance des programmes pluriannuels de recherche couvrant les thématiques suivantes : air, biodiversité et patrimoine naturel, changements climatiques, économie de l'environnement, milieux aquatiques, risques environnementaux, santé et environnement, société et développement durable, substances chimiques.

Le SRP a également pour missions la diffusion et la valorisation des travaux de recherche et de prospective, en direction des divers publics susceptibles d'utiliser les résultats de la recherche : partenaires institutionnels « habituels » du ministère, collectivités territoriales, gestionnaires d'espaces naturels, industriels concernés par l'écologie et le développement durable, monde associatif, etc.

- ✓ **Le Ministère de la santé, de la famille et des personnes handicapées**

Il existe une Direction de la Recherche, des Etudes, de l'Evaluation et des Statistiques (DREES). Plusieurs appels à projet sont lancés par la MiRe (Mission recherche) de ce ministère.

- ✓ **Ministère de l'agriculture, de l'alimentation, de la pêche et des affaires rurales**

Il existe une Direction générale de l'enseignement et de la recherche. En 2005, l'enseignement supérieur et la recherche agricole ont été renforcés et ont bénéficié de 232 millions d'euros ainsi que d'une ouverture de plus de 100 postes d'enseignants, de chercheurs et de techniciens.

- ✓ **Ministère de la culture et de la communication**

Plusieurs appels d'offres, appels à propositions, appels à projets et programmes sont régulièrement lancés. Il existe une mission de la recherche et de la technologie, une délégation au développement et aux affaires internationales.

- ✓ **Autres ministères**

D'autres ministères comme par exemple, le Ministère de la justice et le Ministère de l'économie, des finances et de l'industrie s'impliquent dans la recherche via la cotutelle d'organismes ou par le biais d'appels à projets.

Conseils Consultatifs

- **Haut Conseil de la science et de la technologie**

Il est l'une des principales institutions créées par la loi de programme pour la recherche du 18 avril 2006. Il a pour objectif de mettre en cohérence la politique nationale de la recherche et de contribuer à rénover le système de recherche. Placé auprès du Président de la République, il est composé de plus de vingt membres désignés en raison de leur compétence en matière scientifique et technologique. Il est chargé d'éclairer le Président de la République et le Gouvernement sur toutes les questions relatives aux grandes orientations de la Nation en matière de politique de recherche scientifique, de transfert de technologie et d'innovation. Le décret prévoit que le Haut conseil peut être saisi par le Président de la République et par le Premier ministre. Il peut également se saisir des questions sur lesquelles il estime urgent d'appeler l'attention des pouvoirs publics. Il adopte et rend public un rapport annuel.

- **Conseil National de la Science (CNS)**

Présidé par le Ministre chargé de la Recherche, il a pour mission d'éclairer le gouvernement. Il réunit 30 personnalités françaises ou étrangères (dont deux prix Nobel) issues de la Recherche publique et privée, choisies en raison de leurs compétences ou de leur intérêt pour la Recherche scientifique ou technologique.

- **Conseil Supérieur de la Recherche et de la Technologie (CSRT)**

Le CSRT est une instance de concertation et de dialogue avec les acteurs et les partenaires de la Recherche en France. Il est composé de deux collèges de vingt membres chacun, le premier étant représentatif des communautés scientifiques et techniques françaises et le deuxième des partenaires de la Recherche : représentants du monde du travail, des secteurs productifs sociaux et culturels et des régions. Il est consulté sur tous les grands choix de la politique scientifique et technologique du Gouvernement et, à ce titre, il donne son avis sur la répartition du Budget Civil de Recherche et Développement (BCRD).

- **Groupement d'Intérêt Public Agence Nationale de la Recherche (GIP ANR)**

Créée le 7 février 2005, l'ANR est une agence de financement de projets de recherche. Son objectif est d'accroître le nombre de projets de recherche venant de toute la communauté scientifique, financés après mise en concurrence et évaluation par les pairs. L'ANR s'adresse à la fois aux établissements publics de recherche et aux entreprises avec une double mission : produire de nouvelles connaissances et favoriser les interactions entre laboratoires publics et laboratoires d'entreprises, en développant les partenariats.

La sélection des projets retenus dans le cadre d'appels à projets (AAP) est effectuée sur des critères de qualité pour l'aspect scientifique auxquels s'ajoute la pertinence économique pour les entreprises. L'ANR bénéficie, pour l'année 2006, d'une capacité d'engagement de 800 millions d'euros pour des projets de recherche d'une durée maximale de quatre ans. Elle a lancé 42 appels à projets (AAP) et 4 ERANET (European Research Area Network).

Les organismes de recherche

Les organismes qui participent à la recherche correspondent à différents types d'établissements. On distingue des établissements publics à caractère scientifique et technologique (EPST), des établissements publics à caractère industriel et commercial (EPIC), des établissements publics à caractère administratif (EPA), des instituts et des fondations privés. Si certains laboratoires ou unités de recherche dépendent exclusivement d'un organisme de recherche ou d'un établissement d'enseignement supérieur, d'autres sont affiliés à plusieurs d'entre eux. La moitié des laboratoires des établissements de l'enseignement supérieur est ainsi associée à un ou plusieurs organismes de recherche : ces laboratoires sont appelés unités mixtes de recherche (UMR).

Les organismes de recherche concourent à l'action spécifique du ministère délégué à la Recherche en matière de recherche et de développement et orientent les moyens qui leur sont alloués en faveur des priorités disciplinaires retenues pour développer les connaissances, renforcer la compétitivité et intensifier les missions qui procèdent de la valorisation de la recherche.

Ils ont une mission d'efficacité socio-économique :

- ils mobilisent les moyens sur les thématiques prioritaires ;

- ils développent la production scientifique (publications, etc.) et technologique (valorisation, brevets, etc.), l'information et la diffusion de la culture scientifique et technique (colloques, multimédia, etc.).

et une mission de service :

- ils développent les partenariats, par la création d'unités mixtes de recherche, notamment avec les universités et les autres organismes de recherche, ainsi que par des partenariats de recherche avec l'Union européenne et l'étranger ;

- ils dynamisent le renouvellement des unités de recherche et assurent l'attractivité des organismes par la capacité d'accueil (recrutement de chercheurs extérieurs dans les EPST) et l'encouragement à la mobilité (flux des chercheurs entrants-sortants des organismes) ;

- ils évaluent la recherche.

Organismes de recherche généralistes ou spécialisés

Principaux EPST

Parmi les principaux EPST on distingue le CNRS, l'INSERM, l'INRA, l'INRIA et l'IRD :

1. **Le CNRS** (Centre national de la recherche scientifique) est le principal organisme de recherche généraliste français. Il dépend directement du ministère délégué à l'Enseignement supérieur et à la recherche. Il dispose de 1260 unités de recherche couvrant des domaines variés.

2. **L'INSERM** (Institut national de la santé et de la recherche médicale) est dédié à la santé humaine. La recherche s'effectue au sein de ses 335 laboratoires et 41 centres cliniques.

3. **L'INRA** (Institut national de la recherche agronomique) effectue des recherches dans les domaines de l'alimentation, de l'agriculture et de l'environnement. L'INRA dispose de 235 unités de recherche et de 60 unités expérimentales.

4.**L'INRIA** (Institut national de recherche en informatique et en automatique) travaille dans les domaines des sciences et technologies de l'information et de la communication. Il dispose de 143 équipes de recherche.

5.L'**IRD** (Institut de recherche pour le développement) coopère avec certains pays en développement africains, asiatiques et sud-américains en matière de recherche scientifique et technique. Les grands thèmes de recherche s'articulent autour de l'environnement, de la santé et des dynamiques liées à la mondialisation.

Principaux EPIC

Parmi les principaux EPIC, on distingue l'ADEME, le CEA, le CIRAD, le CNES et l'IFREMER :

1. L'**ADEME** (Agence de l'environnement et de la maîtrise de l'énergie) est chargée d'encourager la maîtrise de l'énergie ainsi que la protection de l'environnement.

2. Le **CEA** Commissariat à l'énergic atomique) est un acteur majeur de la recherche du développement et de l'innovation dans les domaines de l'énergie, des technologies pour l'information et la santé, de la défense et de la sécurité. Il compte 65 unités mixtes de recherche et 65 laboratoires de recherche correspondants.

3. Le **CIRAD** (Centre de coopération internationale en recherche agronomique pour le développement) participe au développement rural des pays tropicaux et subtropicaux grâce à la recherche agronomique et l'innovation effectuée au sein de ses 59 unités de recherche.

4. Le **CNES** (Centre national d'études spatiales) propose la politique spatiale de la France. Les grands domaines couverts sont : l'accès à l'espace, le développement durable, la sécurité et la défense.

5. **L'IFREMER** (Institut français de recherche pour l'exploitation de la mer) est chargé de la recherche en sciences marines. Il met son expertise au service de différents programmes dont la surveillance des zones côtières, des écosystèmes marins, l'évaluation des ressources aquacoles et halieutiques afin de permettre une exploitation durable des richesses marines. Il compte 25 départements de recherche.

- **Les Etablissements d'enseignement supérieur**

✓ **Etablissements Publics à caractère Scientifique, Culturel et Professionnel (EPSCP)**

En ce qui concerne les établissements d'enseignement supérieur, ils réunissent en particulier : 85 universités, 31 écoles d'ingénieurs, 3 instituts nationaux polytechniques regroupant chacun plusieurs écoles d'ingénieurs, 4 écoles normales supérieures visant à former notamment les futurs enseignants, professeurs et chercheurs dans toutes sortes de domaines, 9 instituts d'études politiques et des grands établissements de statuts divers.

Tous ces établissements sont placés directement sous la tutelle du Ministère de l'Éducation nationale et délivrent les diplômes d'enseignement supérieur, jusqu'au doctorat, pour les universités.

Dans ces établissements d'enseignement supérieur, la recherche publique est produite au sein d'unités de recherche associant fréquemment enseignants-chercheurs de l'université et chercheurs d'organismes de recherche. Les établissements d'enseignement supérieur regroupent quelque 3300 équipes ou laboratoires de recherche dont la moitié sous la forme d'unités mixtes de recherche ou d'instituts fédératifs de recherche, à responsabilité partagée avec les organismes.

✓ **Les sociétés savantes**

Les sociétés savantes sont des associations qui ont pour finalité de s'occuper de travaux d'érudition, de savoir humaniste et de sciences expérimentales, donc de faciliter les échanges entre les chercheurs et de promouvoir leurs activités de recherche.

3.2.1.2. Le financement

Les laboratoires de recherche publics sont en partie financés par les crédits budgétaires des universités, des organismes de recherche publics et des agences de financement, dont l'Agence nationale de la recherche (A.N.R.). Ils bénéficient d'autres dotations provenant des régions françaises, des associations caritatives, de l'industrie et de l'Europe.

Créée en 2005, l'Agence nationale de la recherche (A.N.R.) finance les projets de recherche sélectionnés selon des critères internationaux d'excellence. L'Agence fonctionne essentiellement sur appels à projets : ces appels à projets s'inscrivent dans les priorités nationales et concernent tous les grands champs de la recherche et de l'innovation. Depuis 2010, 50% des financements sont consacrés à la programmation non thématique.

Le financement sur projets permet de soutenir les projets les plus ambitieux et les équipes de recherche les plus performantes. Les projets sont financés sur une durée moyenne de 3 à 4 ans. L'aide moyenne par projet a sensiblement augmenté au cours des années (383000 euros en 2006 ; 425000 euros en 2007 ; 483000 euros en 2008 ; 487000 euros en 2009 soit un montant cumulé de 3 milliards d'euros entre 2005 et 2009). Au titre de l'année 2009, les appels à projets de l'A.N.R., qu'ils soient thématiques ou non, ouverts ou partenariaux, ont permis de financer plus de 650 millions d'euros de travaux de recherche. Les équipes de recherche des principaux organismes ont bénéficié de près de 54% de ces dotations, une proportion légèrement supérieure à 24 % est revenue aux établissements d'enseignement supérieur et aux grandes écoles, le secteur industriel se situant un peu au-dessus de 12 %; 50% des financements sont consacrés à la programmation non thématique depuis 2010. 840 millions d'euros: capacité d'engagement, en 2009, pour des projets de recherche d'une durée maximale de quatre ans.

3.2.2. Le cas de la Chine

3.2.2.1. Fondement du modèle

Tous les spécialistes[15] sont unanimes pour reconnaître que la Chine s'est hissée au troisième rang mondial de la science. Elle s'est donc imposée dans plusieurs domaines, comme les nanotechnologies et les technologies de l'information et de la communication. C'est que son modèle de développement a été stratégiquement pertinent et efficace, notamment la décision d'il y a une quarantaine d'années d'investir massivement dans la recherche scientifique.

D'après Stéphane GRUMBACH, l'histoire de cette réussite retentissante commence au XIXème siècle, à la fin de l'empire, quand la Chine fait face à une invasion occidentale brutale et technologiquement bien supérieure. Les grandes universités se développent à partir de cette époque et pendant la première moitié du XXème siècle. C'est ainsi que la Chine de 1949 investit massivement dans la recherche avec l'aide du grand frère soviétique. Mais à la fin des années 1970, après la révolution culturelle, tout est à reconstruire en matière d'éducation et de recherche scientifique. Seuls les domaines du nucléaire et du spatial, qui relevaient du ministère de la défense ont été préservés.

En 1978, Deng Xiaoping acquiert alors la conviction que l'éducation doit redevenir une priorité. Il prend une mesure d'une très grande portée, comme on en compte peu dans l'histoire d'un pays. Il passe des accords avec les grandes nations scientifiques pour qu'ils accueillent des étudiants chinois. C'est une décision extrêmement courageuse et très risquée à la fois : cela coûte cher et on ne sait pas dans quel délai la Chine pourra toucher les fruits de cet investissement. De fait, dans les années 1980, les premiers étudiants chinois envoyés à l'étranger ne vont pas rentrer. Ce sont les pays étrangers qui, dans un premier temps, vont bénéficier de la contribution des meilleurs cerveaux chinois. C'est aujourd'hui seulement que l'on apprécie à sa juste valeur le bien-fondé de cette mesure. Il n'existe pas un domaine où la Chine ne

---

[15] Je reprends à mon compte les données publiées par Stéphane GRUMBACH (directeur de recherche à l'INRIA) sur l'histoire de la Chine (cf. Bibliographie pour les références).

dispose de ressortissants capables de lui prodiguer des conseils. D'une part les étudiants qui reviennent définitivement dans leur pays d'origine sont de plus en plus nombreux. Le gouvernement chinois favorise leur retour avec un programme très complet d'incitations : bon salaire, allocation de fonctionnement de laboratoire pour cinq ans, et divers avantages supplémentaires. D'autre part, les étudiants installés à l'étranger, qui ne reviennent que deux ou trois fois par an, donnent des cours et des séminaires lors de leur séjour dans leur pays d'origine.

3.2.2.2. Organisation

L'académie des sciences est incontestablement une des institutions phares, avec une centaine d'instituts accueillant chacun plusieurs centaines d'étudiants. Elle est pluridisciplinaire et axée sur les sciences dures. La Chine possède également un certain nombre d'instituts performants dépendant des ministères techniques, notamment dans le domaine de l'espace, de l'aéronautique, du nucléaire, de la santé. Les autorités chinoises sont particulièrement attentives à ce dernier secteur. D'une part, à cause des spécificités de la médecine chinoise qui ont été insuffisamment explorées, et d'autre part en raison des maladies émergentes dont plusieurs trouvent leur origine sur le territoire chinois (SRAS, grippe aviaire).

Le nombre d'étudiants chinois entrant à l'Université équivaut, toutes filières confondues, à peu près à la somme des étudiants européens et américains. A la différence des étudiants américains qui privilégient les filières les plus rémunératrices comme le droit ou le commerce, les meilleurs étudiants chinois se dirigent volontiers vers les filières scientifiques. En ingénierie, par exemple, la Chine compte six fois plus d'étudiants que les Etats-Unis. En nombre de publications, la Chine est passée d'une situation invisible il y a 20 ans, à un niveau tout à fait remarquable aujourd'hui. Elle est globalement quatrième, et même deuxième ou troisième dans certains domaines. Le taux de citations des publications scientifiques chinoises reste plus bas qu'en Europe, mais il a fortement augmenté. L'objectif de la Chine désormais, après avoir obtenu des résultats très notables sur la quantité de ses publications scientifiques, est de renforcer la qualité de ses travaux.

3.2.2.3. Financement

La Chine occupe la deuxième place mondiale, devant le Japon et derrière les Etats-Unis en parité de pouvoir d'achat. Elle consacre 150 milliards de dollars d'investissement à la recherche, contre 229 milliards pour l'Union européenne en 2007. L'investissement de la Chine dans ce domaine augmente de 20 à 30 % par an. Il correspond en ce moment à 1,5 % du PIB. L'objectif est d'arriver à 2,5 % du PIB en 2020.

Il faut dire que le contexte est très favorable à ce développement. Contrairement à l'Europe où les filières scientifiques souffrent parfois d'une certaine désaffection auprès des étudiants, elles sont l'objet en Chine d'un prestige inégalé. Le mot « science » revient en permanence dans les discours des responsables. Il n'y a rarement un journal télévisé où l'on ne voit pas une personnalité politique visiter une installation scientifique ou technique. Non seulement la recherche scientifique est une priorité politique, mais la politique elle-même se revendique comme scientifique. De tout cela résulte une atmosphère très positiviste.

3.2.2.4. Impact au niveau mondial

D'ores et déjà, la Chine commence à s'imposer dans certaines niches : en physique (particulièrement en physique quantique et physique des hautes énergies), en chimie, ou encore dans le domaine des nanotechnologies. Dans le domaine informatique, la Chine occupe une place très importante avec le plus grand nombre d'internautes et d'utilisateurs de mobiles au monde. Cela lui permet de percer dans les télécommunications, ou d'occuper une position très favorable parmi les équipementiers, avec notamment la marque Huawei. La Chine est devenue le premier exportateur de technologies de l'information devant les Etats-Unis. Au niveau industriel, la croissance annuelle des exportations de produits de haute technologie est supérieure à 40%, soit 20 points de plus que la croissance des exportations en général. Et le fait que près de 80 % de ces produits reposent sur des brevets étrangers est bien sûr une incitation supplémentaire à faire des efforts de recherche et développement. Dans ce dernier domaine, la croissance des dépôts de brevets a suivi la même évolution que les publications.

Pour les brevets dits « triadiques », c'est-à-dire déposés conjointement en Europe, aux Etats-Unis et au Japon, la Chine est passée dans le club des quinze premiers, gagnant plus de quinze places en une dizaine d'années.

Pour Stéphane GRUMBACH, ce qui manque à la Chine aujourd'hui d'un point de vue symbolique, c'est d'obtenir un prix Nobel. Bien sûr, certains Chinois naturalisés américains l'ont déjà obtenu (cinq en physique et un en chimie) mais ce n'est pas la même chose. Il est certain que la volonté de prestige national et international joue un rôle important. La Chine entend se doter d'un programme spatial à l'égal des plus grandes puissances. En même temps, les retombées technologiques en sont importantes. Le programme spatial n'est que la partie la plus visible des ambitions scientifiques et technologiques de la Chine.

3.2.3. Le cas de l'Allemagne

3.2.3.1. Organisation

Les domaines des sciences et de la recherche en Allemagne se caractérisent par leurs excellentes infrastructures et par leurs instituts de recherche aux équipements de qualité et aux personnels hautement qualifiés. L'Allemagne dispose d'une grande palette de sites de recherche : universités, « Fachhochschulen » (universités de sciences appliquées), établissements extra-universitaires, instituts fédéraux et des Länder mais aussi d'entreprises. En tout, il existe environ 750 instituts de recherche financés sur fonds publics auxquels il faut ajouter les centres de recherche et de développement exploités par les entreprises.

L'Allemagne compte plus de 350 universités et « Fachhochschulen ». La formation universitaire se caractérise par les liens étroits tissés entre l'enseignement et la recherche. Les gouvernements de la Fédération et des Länder ont lancé l'Initiative pour l'excellence pour promouvoir la recherche de pointe et consolider les atouts de l'Allemagne comme site scientifique.

La Fraunhofer-Gesellschaft mène une recherche appliquée tant pour les entreprises privées et publiques que dans l'intérêt de la collectivité.

Elle dispose de plus de 80 unités de recherche et constitue le plus grand organisme de recherche appliquée en Europe.

L'Association Helmholtz des centres nationaux de recherche scientifique intègre 17 centres de recherche scientifique et technique ou biomédicale et représente la plus importante organisation scientifique allemande.

La Communauté scientifique Gottfried Wilhelm Leibniz rassemble 86 instituts de recherche travaillant sur des questions scientifiques ayant une importance pour l'ensemble de la société.

La Société Max Planck pour la promotion des sciences est un organisme de recherche indépendant et d'utilité publique qui doit son nom au physicien de réputation mondiale Max Planck (1858-1947). Elle est spécialisée en recherche fondamentale dans les domaines des sciences naturelles et des sciences humaines et complète ainsi les projets de recherche des universités

3.2.3.2. Le financement

D'après le site Web franco-allemand[16], le Fonds Scientifique Allemand (DFG) est le principal organe de financement de la recherche scientifique. Ce fonds constitue, d'après la chancelière Angela MERKEL, un pilier important de l'édifice scientifique allemand. Le DFG a pour principale mission de subventionner les meilleurs projets de recherche déployés dans l'enseignement supérieur et les instituts extra-universitaires. Il s'emploie, en outre, à promouvoir les jeunes chercheurs brillants et la coopération internationale. Or, l'excellence scientifique est la clé de la prospérité allemande. C'est pourquoi, le gouvernement fédéral consacre un budget croissant à la recherche et au développement : Au titre de l'année 2011 par exemple, le gouvernement fédéral a alloué près de 13 milliards d'euros au financement des activités du DFG, un record mondial.

L'Initiative pour l'excellence, en particulier, a conféré un nouvel élan à la recherche, a jugé Angela Merkel. Dans le cadre de ce programme

[16]http://www.connexion-emploi.com/fr/a/lexcellence-scientifique-fondement-de-la-prosperite-allemande

coordonné par le DFG, neuf universités d'« élite » ont reçu 1,9 milliard d'euros pour concrétiser des projets très prometteurs. Une nouvelle enveloppe de 2,7 milliards d'euros est prévue pour la période 2013-2017. Par ailleurs, les organisations extra-universitaires voient leur budget augmenter de 5 % par an avec le Pacte pour la recherche et l'innovation.

L'Allemagne doit miser sur l'excellence universitaire pour continuer à disposer d'une main-d'œuvre hautement qualifiée, a affirmé la chancelière. Aussi, le gouvernement fédéral a-t-il pris des mesures : grâce au Pacte pour l'enseignement supérieur, les universités allemandes pourront accueillir 335 000 étudiants supplémentaires d'ici à 2015 et les établissements pourront créer de nouveaux postes de professeur.

Le Fonds scientifique allemand regroupe la plupart des universités allemandes ainsi que des instituts de recherche extra-universitaires, des associations scientifiques et des académies des sciences. En 2012, il avait disposé d'un budget de 1,7 milliard d'euros financé à 58% par l'État fédéral et à 42 % par les Länder.

3.2.4. Le cas du Canada

3.2.4.1. Organisation

Au Canada, la recherche scientifique et plus globalement la science et la technologie sont organisées autour des principales composantes suivantes : le conseil consultatif des sciences et de la technologie (CCST), les ministères gouvernementaux, le Conseil national de recherche du Canada (CNRC), les réseaux de centres d'excellence (RCE) et les universités. Ci-après, quelques détails sur chacune de ces composantes.

- **Conseil consultatif des Sciences et de la Technologie (CCST)**

Créé en 1996, ce conseil est un organe consultatif fédéral indépendant qui a pour mandat de conseiller le Premier ministre en matière de politique sur la situation des sciences, de la technologie et de l'innovation au Canada et sur la voie à suivre.

Il travaille, depuis 2004, avec le conseiller national en sciences auprès du Premier ministre et le secrétaire parlementaire aux sciences et à la petite entreprise.

- **Les Ministères gouvernementaux**

Les laboratoires du gouvernement sont ceux des ministères techniques à vocation scientifique et le Conseil National de Recherches du Canada. Ils exécutent 10% de la recherche canadienne, reçoivent un financement récurrent du gouvernement fédéral, et n'ont pas accès aux fonds des Conseils subventionnaires. Au niveau fédéral, on trouve également les réseaux de centre d'excellence.

Les ministères suivants proposent des laboratoires à vocation scientifique :

- Agence spatiale canadienne
- Agriculture et Agroalimentaire Canada
- Environnement Canada
- Industrie Canada
- Pêches et Océans Canada
- Ressources naturelles Canada
- Santé Canada

- **Le Conseil National de Recherches du Canada (CNRC)**

Le Conseil national de recherches du Canada (CNRC) est le principal organisme national de recherche et développement du gouvernement du Canada comptant quelque 4 000 employés et 1200 travailleurs invités. Il rend des comptes au Parlement par le truchement du ministre de l'Industrie dont il relève

Il regroupe plus de 20 instituts et programmes nationaux couvrant une multitude de domaines et une grande variété de services. Ces derniers sont structurés en cinq grands secteurs : sciences de la vie, sciences physiques, génie, soutien technologique et industriel, services corporatifs.

Le CNRC a donné naissance à plusieurs organismes et services spécialisés parmi lesquels : Energie atomique du Canada limitée, Agence spatiale canadienne, Centre de la sécurité des télécommunications, Conseil de recherches pour la défense, Instituts de recherche en santé du Canada, Conseil de recherches en sciences naturelles et en génie. Les dépenses de fonctionnement, en capital et subventions du Conseil sont financées par des crédits parlementaires annuels et une autorisation législative qui lui permet de dépenser les revenus gagnés grâce à des ententes de recherche conjointe, à des travaux contre rémunération, à la vente de publications, à la location de laboratoires et aux licences. En 2003-2004, il disposait d'un budget de650 millions de dollars

- **Les Réseaux de Centre d'Excellence (RCE)**

Les 22 RCE sont des partenariats uniques entre les universités, l'industrie, le gouvernement et les organismes à but non lucratif. Ces partenariats de recherche pancanadiens, multidisciplinaires et multisectoriels assurent la jonction de la recherche avec le savoir-faire industriel et l'investissement stratégique. Ils relient plus de 900 organisations canadiennes et emploient plus de 5 000 personnes.

Le programme coûte 77 millions de dollars par année aux contribuables canadiens et a amené le secteur privé à investir un total de 160 millions de dollars dans la recherche. Le programme des RCE a donné des résultats concrets : dépôt de 66 brevets, attribution de 31 brevets, et de 71 licences, formation de 78 entreprises dérivées.

Les trois organismes subventionnaires fédéraux canadiens (IRSC, CRSNG et CRSH : voir plus loin) et Industrie Canada collaborent au financement et à l'administration des activités du programme des Réseaux de centres d'excellence.

- **Les universités**

Il y a au Canada, plus de 90 universités. Dans le dispositif scientifique et technologique, les universités sont des entités juridiques indépendantes de statut privé, et existent en raison de chartes provinciales. Seules l'« Université du Québec » et ses antennes régionales sont publiques. Les universités jouissent d'une grande autonomie en matière de politique et d'organisation, en dépit de l'importance des subventions qu'elles reçoivent des gouvernements. Deux paliers de gouvernement, fédéral et provincial, les financent. Les provinces doivent soutenir l'enseignement et les fonctions de base des établissements. Le gouvernement fédéral appuie la recherche universitaire. En 2005, les universités canadiennes employaient à peu près 40 000 professeurs à temps plein

Depuis 1997, les universités sont au cœur du système de recherche canadien et représentent environ 35% de l'ensemble de la R&D canadienne. Bien que quelques chercheurs du CNRC soient chargés de cours à l'université, il y a peu de relations institutionnelles entre universités et CNRC. On note cependant quelques initiatives récentes qui associent l'université et le CNRC.

3.2.4.2. Organismes de subvention et de financement

En 2004, a été créé un Comité d'examen des dépenses dont la présidence a été confiée au président du Conseil du Trésor. Ce comité a pour mission d'examiner tous les programmes et toutes les dépenses. Les dépenses intérieures en R&D seraient, en 2005, de 268 millions de dollars soit 1,92% du PIB.

Au niveau des organismes fédéraux (Agriculture et Agroalimentaire Canada, Ressources naturelles Canada, Environnement Canada), le CNRC et l'Agence spatiale canadienne bénéficient d'environ 65% des investissements du gouvernement fédéral pour leurs recherches internes.

Si les provinces sont la première source du financement des universités, ce dernier provient également, sur appel d'offre, des Conseils subventionnaires, avec des compléments d'origine industrielle. Le gouvernement fédéral finance la recherche universitaire par trois mécanismes distincts :

- le TCSPS (Transfert Canadien en matière de Santé et de Programmes Sociaux) prévoit le transfert de fonds aux gouvernements des provinces ;
- le transfert de fonds aux chercheurs pour des projets spécifiques de recherche subventionnée par le biais d'un processus de sélection par concours fondé sur l'évaluation par les pairs pour l'octroi de subventions ;
- le transfert de fonds aux universités, avec la FCI (Fondation Canadienne pour l'Innovation : voir plus loin), qui tient compte du plan de recherche à long terme de l'université.

En 2004-2005, la R&D effectuée dans les universités canadiennes s'élevait à 8,9 milliards de dollars, ce qui représente environ 35% de l'ensemble de la R&D canadienne.

Tout investissement, du secteur privé, fédéral, provincial, dans cette recherche universitaire ne cesse d'augmenter ces dernières années

Le soutien financier du gouvernement à l'égard de la recherche dans les universités et dans celui de la formation en recherche émane principalement des trois conseils subventionnaires :

- le Conseil de Recherches en Sciences Naturelles et en Génie du Canada (CRSNG) ;
- l'Institut de Recherche en Santé du Canada (IRSC) ;
- le Conseil de Recherches en Sciences Humaines du Canada (CRSH),

mais aussi de :

- la Fondation Canadienne pour l'Innovation (FCI) ;
- le programme de chaires de recherche ;
- le programme de financement des coûts indirects ;
- Génome Canada.

Les trois conseils offrent un financement suite à une évaluation par des pairs, à plus de 17 000 chercheurs. Pour l'exercice financier 2005-2006, les budgets de base combinés des trois organismes s'élèvent à plus de 1,6 milliard de dollars. Seront accordés 75 millions de plus par année à compter de 2005-2006. Ces fonds supplémentaires seront répartis de la manière suivante : 32 millions aux IRSC et au CRSNG chacun et 11 millions au CRSH.

Ces organismes publics fonctionnent tous sur le même modèle : ils financent une équipe et non un établissement, et ne donnent de l'argent que sur présentation d'un projet de recherche évalué par des commissions de scientifiques. Si le projet est retenu, le responsable de l'équipe reçoit pour lui-même et son équipe une somme répartie par exemple sur trois ans, qui lui servira non seulement à acheter le matériel nécessaire et à l'utiliser dans de bonnes conditions, mais à payer des assistants, techniciens et post-doctorants. Si, au terme des trois ans, il vient demander le renouvellement de son financement, ou demander un financement pour un nouveau projet, son travail précédent sera évalué par les bailleurs de fonds. S'il est jugé médiocre, les fonds lui seront refusés. Suite aux refus, le chef d'équipe se trouvera bientôt dépourvu de moyens et pourra alors tenter sa chance dans une autre université, mais aussi changer de métier.

- **Conseil de Recherche en Sciences Naturelles et en Génie (CRSNG)**

Le CRSNG est un organisme du gouvernement du Canada quia le statut d'employeur distinct et qui fait rapport au Parlement par l'entremise du ministre de l'Industrie. Il est dirigé par une présidente et un Conseil composé de 21 membres issus des secteurs public et privé, ainsi que du milieu universitaire. Le Conseil reçoit des avis des comités permanents qui s'appuient sur le processus d'évaluation par les pairs.

Le CRSNG appuie la recherche en sciences naturelles et en génie dans les universités et les collèges, la formation en recherche de scientifiques et d'ingénieurs ainsi que la recherche axée sur l'innovation. Il accorde des subventions et des bourses par voie de concours qui reposent sur une évaluation par les pairs et établit des partenariats avec les universités, les collèges, les gouvernements et le secteur privé

Le CRSNG soutient près de 22 000 étudiants universitaires et stagiaires postdoctoraux, près de 10 000 professeurs d'université chaque année et favorise l'innovation en incitant plus de 500 entreprises canadiennes à investir dans la recherche universitaire. En 2005-2006, le CRSNG investira 865 millions de dollars.

- **Instituts de Recherche en Santé au Canada (IRSC)**

Créés en 2000, les Instituts de Recherche en Santé du Canada (IRSC) sont des établissements publics fédéraux dont la responsabilité première consiste à financer, à promouvoir et à soutenir la recherche fondamentale, appliquée et clinique dans le secteur de la santé. En tant qu'organisme gouvernemental autonome, ils rendent compte au Parlement par l'entremise du ministre de la Santé.

Les IRSC sont dirigés par le président et le conseil d'administration, et aidés par divers comités permanents et conseils consultatifs.

Les IRSC sont composés de 13 instituts « virtuels », chacun ayant à sa tête un directeur scientifique et étant aidé d'un conseil consultatif. Ils travaillent ensemble afin de définir un programme national de recherche en santé pour le Canada.

Les travaux des instituts portent sur les quatre domaines de la recherche en santé : la recherche biomédicale, la recherche clinique, la recherche sur les systèmes et les services de santé, et les facteurs sociaux, culturels et environnementaux qui influent sur la santé des populations

Avec un budget de 662 millions de dollars en 2004-2005, les IRSC appuient plus de 10 000 chercheurs et stagiaires de recherche grâce à l'investissement fédéral dans la recherche en santé dans des universités, des hôpitaux d'enseignement et des instituts de recherche partout au Canada.

Le processus d'examen s'effectue par les pairs. 70% des fonds sont consacrés aux projets entrepris par des chercheurs alors que 30% des fonds sont réservés aux initiatives stratégiques.

- **Conseil de Recherches en Sciences Humaines (CRSH)**

Le CRSH, organisme fédéral autonome, appuie la recherche et la formation avancée en milieu universitaire dans les sciences humaines et en fait la promotion. Constitué par une loi du Parlement en 1977, le CRSH est dirigé par un Conseil de 22 membres qui rend compte au Parlement par l'entremise du ministre de l'Industrie. Il finance des travaux de recherche fondamentale, axés sur des sujets d'importance nationale, la formation de personnel hautement qualifié et la diffusion à grande échelle des connaissances au profit des Canadiens. Ses programmes et ses stratégies encouragent l'excellence en recherche, l'innovation, la productivité et les partenariats avec les utilisateurs de la recherche dans les secteurs public, privé et communautaire.

Le budget de base du CRSH, en augmentation, pour2005-2006 s'élève à 292 millions de dollars. Ce budget est déterminé chaque année par le Parlement. Tous les ans, le CRSH doit rendre compte au Parlement de la façon dont il dépense son budget, mais il a pleins pouvoirs pour établir ses priorités, ses politiques et ses programmes de financement, ainsi que pour prendre les décisions concernant les subventions.19 000 professeurs travaillent à temps plein en sciences humaines et plus de 30 disciplines sont financées par le CRSH.

- **Fondation Canadienne pour l'Innovation (FCI)**

LA FCI est un organisme autonome. Créée par le gouvernement du Canada en 1997, elle finance l'infrastructure de recherche (l'équipement, les bâtiments, les laboratoires et les bases de données de pointe dont on a besoin pour faire de la recherche). L'investissement total de capitaux dépasserait 7 milliards de dollars d'ici 2010.

- **Programme de chaires de recherche**

Lancé en 2000, ce programme se voit affecté en 2006 d'un budget de 85,7 millions de dollars pour le financement de 109 chaires de recherche.

- **Programme de financement des coûts indirects**

Ce programme dispose d'un budget annuel de 260 millions de dollars et appuie plus de 110 établissements post secondaires.

- **Génome Canada**

Génome Canada est la principale source de financement et d'information liée à la génomique et à la protéomique au Canada. Au 31 décembre 2005, les investissements du gouvernement fédéral dans Génome Canada totalisaient 600 millions de dollars.

3.2.5. Le cas des États-Unis

3.2.5.1. Organisation

L'organisation de la recherche aux Etats-Unis s'appuie sur les pôles suivants : le gouvernement fédéral, l'université et le secteur privé, les entreprises et les fondations.

- **Gouvernement fédéral**

Le rôle du gouvernement fédéral est centré sur le Bureau de la Politique Scientifique et Technologique (« Office of Science and Technology Policy »- OSTP) qui dépend de l'« Executive Office »de la Maison Blanche. Son directeur est, de fait, le Conseiller pour la Science du Président. Il coordonne l'action du gouvernement en termes de R&D et aide à préparer le budget de la recherche.

Celui-ci est marqué par un creusement de l'écart entre recherche civile et militaire au profit de cette dernière : entre 2000 et 2005, le budget de la recherche militaire a augmenté de 43% (de 43 à 74 milliards de dollars), alors que le budget de la recherche civile a augmenté de 32% (de 36 à 53 milliards de dollars) par rapport à un budget total augmentant de 38% (de 79 à 127 milliards de dollars). La presque totalité du budget de R & D du Département de la Défense (« Department of Defense » (DoD) est consacrée au développement, 2% seulement à la recherche fondamentale et 7% à la recherche appliquée. Dans le domaine civil, la recherche publique est répartie entre les agences fédérales indépendantes et les organismes gérés par les départements ministériels.

Les agences fédérales disposant des budgets de recherche les plus importants sont :

- La **Fondation Nationale des Sciences (« National Science Foundation** » **(NSF)**

La mission de la NSF est essentiellement tournée vers la recherche fondamentale et vers l'éducation dans tous les domaines de la science et de l'ingénierie. La NSF ne gère pas de personnels de recherche ni de laboratoires en propre mais fonctionne exclusivement comme une agence de moyens en favorisant les financements directs aux chercheurs. Elle assure aussi un rôle au niveau des financements des grands équipements et des nouvelles structures d'excellence comme les «Science and Technology Centers » (STC) ou les « Nanoscale Science and Engineering Centers » (NSEC). La NSF est très active pour promouvoir l'enseignement des sciences et des mathématiques tout particulièrement. Son action dans le domaine éducatif porte aussi bien sur les cycles primaires et secondaires que sur les cycles universitaires. Pour l'année 2004, par exemple, le budget total de la NSF a été d'environ 5,5 milliards de dollars dont 4,11 milliards de dollars pour la R&D en tant que telle. La NSF a contribué à 3,2% du budget fédéral de R&D (127 milliards de dollars) et à 1,4% de la dépense nationale en R&D.

- La **National Aeronautics and Space Administration (NASA)**

L'action de recherche et de développement de la NASA couvre aussi bien l'exploration spatiale que la recherche liée à l'espace, son développement et son transfert. La NASA a aussi un programme en biologie, en physique et en sciences de la terre. Elle agit comme agence de moyens et effectue ses recherches dans ses propres centres tels que l'« Ames Research Center » de Mountain View ou encore le «Jet Propulsion Laboratory» de Pasadena. Le budget alloué à la NASA en 2006, par exemple, s'élevait à environ 17 milliards de dollars.
Ces agences fédérales disposent d'organes consultatifs. Par exemple, au sein de la NSF, le «National Science Board» (NSB), composé d'universitaires et d'industriels, guide les activités de l'agence et remplit également une fonction de conseil pour la politique scientifique nationale.

Plusieurs départements ministériels ont également une activité de recherche importante dans le domaine civil : le Département de la Santé

(« U.S. Department of Healthand Human Services » (HHS), dont dépendent les Instituts Nationaux de la Santé (« National Health Institutes » (NIH).

Les 27 Instituts sont les principaux acteurs de l'action fédérale dans le domaine des Sciences de la Vie. Ils fonctionnent en mode intra-muros dans les laboratoires des NIH (situés principalement dans la banlieue de Washington, DC) et aussi comme une agence de moyens en subventionnant largement la recherche universitaire. Fonctionnant relativement indépendamment les uns des autres, ces instituts disposent d'actions coordonnées par un « Office of the Director ».

En 2004-2005, par exemple, le budget des NIH se montait à environ 30 milliards de dollars. D'autres centres sont aussi sous la responsabilité du «Department of Health and Human Services» (HHS), avec principalement le «Center for Disease Control» (CDC) situé à Atlanta.

- Le **Département de l'Energie** (« **Department of Energy** » (DoE)

Son budget annuel de l'ordre de 23 milliards de dollars en fait une des principales agences et les Laboratoires Nationaux («National Laboratories») du DoE, et leurs très grands équipements, comptent parmi les principaux acteurs de la recherche aux Etats-Unis dans le domaine des sciences physiques. Ils sont impliqués à la fois dans le domaine militaire (pour le domaine nucléaire) et le domaine civil.

Le DoE emploie 15 000 agents fédéraux et presque 100000 contractuels. Les laboratoires fédéraux absorbent environ un tiers des dépenses fédérales de R&D. Ces laboratoires fédéraux, qui accueillent la plupart des grands équipements de recherche américains, sont soit dirigés directement par l'agence fédérale ou le département en charge (par exemple le

«US Naval Research Laboratory» par le Département de la Défense), soit gérés sous contrat par un partenaire extérieur (université, entreprise ou fondation), tel le «Lawrence Berkeley National Laboratory» du département de la Défense, géré par l'Université de Californie.

- **Les Universités**

La recherche dite «académique» se déroule dans les universités publiques et privées. Les unes et les autres constituent l'acteur principal de la recherche fédérale. Leur rôle est particulièrement important dans le domaine de la recherche fondamentale, où leur poids représente 43% de l'effort global du pays. Environ les deux tiers des chercheurs du secteur public sont employés dans les universités.

La principale originalité du système américain est l'individualisation de la recherche académique, les professeurs («full professor») et maîtres assistants («assistant professor») étant considérés comme de véritables entrepreneurs qui doivent gérer eux-mêmes leurs travaux de recherche.

Mais une partie seulement des universités est impliquée dans la recherche. Les Etats-Unis comptent plus de 3 000 établissements d'enseignement supérieur et la quasi-totalité des crédits fédéraux de recherche est concentrée sur 200 universités. Les grandes universités impliquées dans la recherche, comme Harvard, Stanford ou le « Massachusetts Institute of Technology » (MIT), constituent des pôles d'excellence internationalement reconnus, qui attirent de nombreux chercheurs étrangers.

La concurrence entre universités est également une caractéristique importante du système, favorisant l'excellence de la recherche.

De plus, le système est centralisé. Les universités américaines ont peu de moyens de mener une politique scientifique, l'essentiel des financements étant attribué à titre individuel aux chercheurs après évaluation par les agences fédérales. Par ailleurs, les grands équipements de recherche sont situés dans les laboratoires fédéraux.

- **Le Secteur privé**

Le secteur privé est le moteur principal de la recherche aux Etats-Unis en tant qu'acteur et source de financements. Il finance plus des deux tiers de l'effort national de R&D et réalise plus des trois quarts de la recherche. Aux Etats-Unis, quatre chercheurs sur cinq travaillent dans les entreprises. Ce secteur consacre principalement ses efforts à la recherche appliquée et au développement, laissant le fondamental au milieu universitaire et à certaines agences gouvernementales.

3.2.5.2. Financement

Le gouvernement fédéral répartit pour l'essentiel ses dépenses de R&D entre trois principaux acteurs, à savoir, ses laboratoires fédéraux, les entreprises industrielles et les universités et collèges.

Le gouvernement fédéral assure 60% du financement total de la recherche des universités. Les fonds fédéraux attribués aux universités atteignent des montants considérables, pouvant aller jusqu'à 500 millions de dollars par an pour les universités les mieux dotées.

Les crédits sont attribués pour l'essentiel par les agences fédérales sur appel d'offres relevant de plusieurs centaines de programmes fédéraux gérés par les différentes agences, tout particulièrement les NIH et la NSF, dont c'est le mode préférentiel de répartition des crédits. Ces financements sont alloués à un chercheur à titre individuel, le «Principal Investigator» (PI), chercheur statutaire ou non qui appartient à une institution (université, laboratoire du secteur industriel, fondation, autre agence de recherche fédérale, etc.) et qui gère en direct les financements provenant du gouvernement fédéral et du secteur privé. Ils permettent de financer des équipements mais aussi des salaires pour des techniciens ou des post-doctorants. Lorsqu'une subvention individuelle («grant») a été attribuée, l'Etat fédéral n'assure plus qu'une évaluation a posteriori et laisse la conduite scientifique et administrative du projet à son responsable. De plus, il cède ses droits de propriété intellectuelle à l'institution attributaire. Ces subventions individuelles représentent une part importante des dépenses fédérales de R&D réalisées dans les universités.

Une autre partie de ces dépenses passe par le biais de contrats ou d'accords de coopération, qui sont généralement destinés à la création de centres de recherche et de grands équipements relativement coûteux.

Enfin, certains départements ministériels (celui de la Défense notamment) ou agences fédérales (NASA) attribuent une partie substantielle de leurs financements aux universités par contrats et non par appels d'offre mettant les institutions intéressées en compétition. Le contrôle exercé sur l'exécution scientifique et administrative du contrat est bien plus important que pour les subventions. De plus, les conditions sur la propriété intellectuelle sont nettement plus contraignantes.

Les universités lèvent également des capitaux dans le secteur privé pour constituer leurs propres fonds dont le montant peut s'élever à quelques milliards de dollars.

3.2.5.3. Evaluation de la recherche

La NSF attribue ses financements selon leur valeur scientifique et les impacts socio-économiques. Les projets font l'objet d'une évaluation par les pairs («peer review system »), pour laquelle plusieurs dizaines de milliers d'experts sont sollicités. La plupart du temps, la durée de la procédure d'évaluation est inférieure à six mois. La décision finale relève du Directeur de Programme («Program Director»). La majorité des Directeurs de Programme ne sont pas des permanents de la NSF mais sont détachés du milieu universitaire ou d'autres administrations fédérales sur des contrats pour des durées limitées à trois ans. Les projets et les programmes sont ensuite évalués a posteriori. La NSF a su faire reconnaître à l'administration fédérale la spécificité de la recherche fondamentale et a pu faire accepter une série de critères d'évaluation plus qualitatifs que quantitatifs. Ainsi, le critère de «past performance» promu par la NSF permet à un chercheur de justifier, par les résultats de ses activités antérieures, de sa qualité à poursuivre les recherches qu'il propose.

Les universités américaines sont évaluées très régulièrement en interne. Elles sont également évaluées environ tous les 5 à 10 ans par un organisme extérieur ou par un groupe de représentants d'universités, au niveau national.

3.2.5.4. Valorisation de la recherche

Dans l'ensemble du système, l'industrie joue un rôle dominant : elle assure une importante part du financement national et de l'activité de recherche et développement. Les universités jouent un rôle important dans l'innovation. Le transfert de technologie est l'une de leurs missions fondamentales, qui s'opère par le biais des bureaux de transfert de technologie («Technology Licensing Offices» (TLO). Ces bureaux sont dirigés par des spécialistes de haut niveau, à l'autorité reconnue et qui s'impliquent directement dans les négociations avec les développeurs. Ces spécialistes du transfert se retrouvent au sein de l'«Association of University Technology Managers» (AUTM). Plus de 300 institutions universitaires ou fédérales de recherche et le même nombre d'entreprises du secteur privé y participent.

Depuis 1980, grâce au «Bayh-Dole Act», les universités peuvent bénéficier des droits de propriété intellectuelle de leurs découvertes effectuées grâce à l'utilisation des crédits fédéraux. Même si les sommes ainsi dégagées sont importantes, elles demeurent très faibles pour la grande majorité des universités, au regard de leur budget de recherche. En réalité les objectifs poursuivis par le biais des TLO ne sont pas de nature principalement financière et se résument de la manière suivante :

- faire bénéficier la société dans son ensemble des progrès scientifiques par la mise sur le marché de nouvelles technologies ;
- favoriser le développement des entreprises existantes et la création de nouvelles «start up» dans des secteurs stratégiques ;
- attirer et retenir les meilleurs professeurs et chercheurs, qui pourront éventuellement voir leurs inventions valorisées avec des retombées financières importantes pour leur laboratoire et eux-mêmes ;
- établir des relations avec le monde industriel permettant ainsi la création de nouveaux contrats et l'insertion des jeunes diplômés.

3.2. TIRER LA SUBSTANTIFIQUE MOELLE DE CES MODELES POUR DEFINIR ET METTRE EN ŒUVRE UNE POLITIQUE DE PROMOTION DE LA RECHERCHE SCIENTIFIQUE AU GABON

Que peut tirer le Gabon de ces modèles ? Comme nous l'expliquait un professeur de l'UC Berkeley au cours de notre séjour en Californie dans le cadre de la mission de prospective, en janvier dernier 2013, il ne s'agit absolument pas de copier et/ou de calquer au Gabon un modèle de l'un des pays présentés ci-dessus ou d'un autre pays dans le monde. Ce serait tout simplement absurde. Même s'il le voulait, le Gabon ne pourrait pas dupliquer le modèle de la Californie, ni celui de l'Oregon, ni celui de la Chine, ni celui de l'Allemagne, ni celui de la France et encore moins celui du Canada. Au contraire, il s'agit plutôt de s'inspirer de ces modèles et de tous les autres possibles, pour construire une ingénierie gabonaise de la science et de la technologie, qui soit adaptée au contexte spécifique du pays, à son ambition et à ses moyens. Il s'agit donc voir, dans les modèles présentés ci-dessus, ce qui est transposable au Gabon, ne serait-ce qu'en termes conceptuels. On n'a pas besoin de réinventer la roue, mais il s'agit de construire un modèle gabonais.

3.2.1. Un préalable qui vaut son pesant d'or

Tous les experts y compris les nombreux mercenaires étrangers qui ont éclairé de leur lumière éclatante les différents fora organisés depuis 2010 au Gabon, pour nous expliquer ce qu'est « l'émergence », « l'éducation », « l'enseignement supérieur », « la recherche scientifique », ... ont confirmé ce que les non moins experts locaux crient sur tous les toits depuis toujours : **la production scientifique gabonaise, dans les structures publiques (universités et centres de recherche) reste davantage liée aux efforts personnels des chercheurs et enseignants-chercheurs, plutôt qu'à un véritable environnement scientifique propice résultant de la mise en œuvre d'une véritable politique scientifique**. Du point de vue financier, par exemple, la part dédiée à la recherche scientifique dans le budget annuel de l'Etat occupe une portion congrue, en totale contradiction avec les discours politiques dithyrambiques.

Dans un tel contexte, mettre en œuvre une dynamique de recherche scientifique utile au développement du pays suppose nécessairement un changement radical de paradigme, pour comprendre que le Gabon ne saurait se développer et accéder au statut de pays émergent sans l'implication de la recherche scientifique, et plus largement, de la science et la technologie. Il s'agit, là, d'un préalable nécessaire et suffisant.

3.2.2. Quatre actions urgentes

Les insuffisances relevées dans l'esquisse de présentation-bilan de la Recherche Scientifique gabonaise au cours des premières cinquante années d'indépendance du pays laissent clairement apparaître que la voie du progrès passe par des réformes audacieuses et significatives. Mais même si tous les acteurs de la recherche peuvent et doivent discuter pour adopter les options les plus pertinentes, tous s'accorderont certainement sur les quatre actions prioritaires ci-après :

Action urgente 1 : **Définir une orientation générale et claire du rôle de la recherche scientifique et du développement technologique au Gabon**

Dans les années 1970, le pays avait fixé de grands objectifs scientifiques et technologiques qui correspondaient aux enjeux de développement de cette époque. Ainsi, l'Université Nationale du Gabon (UNG) fut créée, de même que le Centre National de la Recherche (CENAREST) érigé sur les restes de l'ORSTOM. L'ambition pour l'Université était de doter le pays d'une ressource humaine de qualité et en quantité, formée sur place. Le CENAREST, quant à lui, avait été conçu pour trouver des solutions, par la recherche scientifique, dans les grands domaines de développement : agronomie, écologie et environnement, pharmacopée, santé et sciences de l'homme.

Aujourd'hui, l'ambition de faire du Gabon un pays émergent à l'horizon 2025 impose fatalement que soit définie et mise en œuvre une nouvelle orientation du rôle que doit assumer la recherche scientifique, avec des objectifs très précis dans tous les secteurs retenus comme prioritaires dans le dispositif de développement. Lorsque je dis cela, et je le répète depuis trois années déjà, j'ai conscience de ne pas être écouté, tant le débat au Ministère porte essentiellement sur la volonté annoncée de liquider le CENAREST, considéré comme une institution totalement inutile et sans intérêt dans sa forme actuelle.

Ainsi, plutôt que d'analyser en profondeur la question du rôle de la science et de la technologie au Gabon et d'y définir une véritable politique novatrice et des outils pertinents de mise en œuvre, on s'imagine que l'autonomisation des cinq instituts existants du CENAREST – chaque institut devenant une administration sous tutelle directe du

Ministère – règlera d'un coup de baguette magique tous les problèmes qui minent ce qui tient lieu de recherche scientifique au Gabon.

Si l'on prend en considération l'exemple de la Chine, on voit bien que ses résultats et sa position d'aujourd'hui du point de vue de son niveau de développement absolument spectaculaire sont la conséquence d'une politique forte conçue, il y a une quarantaine d'années, basée essentiellement sur l'importance accordée à l'éducation et à la recherche scientifique.

De mon point de vue, s'il veut accéder au statut de pays émergent à l'horizon 2025, donc dans une dizaine d'années en partant d'aujourd'hui – un délai exceptionnellement court par rapport à l'ampleur du travail à réaliser – le Gabon ne peut déroger à cette règle de base. Le projet politique du Gabon se doit donc d'intégrer les évidences suivantes :

- la recherche scientifique, et plus globalement l'université, est au cœur de l'innovation et a un impact direct sur la productivité nationale ;
- la recherche scientifique est au cœur des stratégies nationales de développement ;
- la recherche scientifique est au cœur des stratégies nationales d'atteinte des objectifs de développement du millénaire ;
- la recherche scientifique et l'innovation technologique sont la source de la croissance économique, qui elle-même est source de développement.

Pour concrétiser mes propositions, je présente, en annexe 5 un projet de texte de loi portant orientation et programmation de la recherche scientifique et le développement technologique au Gabon pour la période 2015-2025 et en annexe 6, un projet de décret portant création et organisation d'une agence nationale de recherche pour le financement des activités de recherche.

Action urgente 2 : **Définir une organisation et des structures simples mais efficaces dédiées à la science et la technologie au Gabon**

Les cinq modèles présentés dans ce chapitre (France, Chine, Allemagne, Canada et USA) montrent très clairement que sans une organisation efficiente de la science et de la technologie, il sera difficile d'atteindre l'objectif de faire du Gabon un pays émergent à l'horizon 2025. Qu'on se le dise bien et qu'on le comprenne une fois pour toutes, un tel objectif ne peut pas être décrété par un quelconque acte administratif. Le développement du Gabon ne sera que le résultat du travail qui sera réalisé dans tous les secteurs pour doper la croissance économique du pays. Or, la science et la technologie sont essentielles à cet égard. Je propose dans cet ouvrage la définition et la mise en œuvre de structures légères, mais opérationnelles aussi bien dans les universités que dans les centres de recherche (publics et privés).

Action urgente 3 : **Définir de grands programmes scientifiques**

Les grandes orientations de la politique scientifique pour les prochaines années doivent être clairement identifiées dans une loi-programme sur la recherche scientifique et le développement technologique à partir des grands domaines stratégiques du PSGE. La conséquence de l'action 2 est donc la définition pertinente de grands programmes scientifiques sur une période décennale. Pour ma part, ces grandes orientations doivent se fonder sur les grands objectifs suivants :

1. Promouvoir la productivité de l'agriculture et de l'aquaculture pour garantir la sécurité alimentaire et accroitre la compétitivité du pays au plan sous-régional et au plan international ;

2. Améliorer la prévention et le traitement des maladies par un renforcement de la couverture sanitaire, une amélioration de la situation épidémiologique et celle de la qualité des soins dispensés. Encourager, dans cette perspective, la production de médicaments à partir de la pharmacopée gabonaise ;

3. Soutenir la politique des énergies renouvelables, promouvoir le développement de nouvelles énergies ainsi que les technologies d'économie d'énergie et d'énergie propre afin d'asseoir les bases d'un développement durable ;

4. Promouvoir la science et la technologie en favorisant la production industrielle et les nouvelles technologies dans le domaine de l'information et de la communication, des sciences des matériaux et des biotechnologies ;
5. Promouvoir le développement de logiciels à haute valeur ajoutée, en privilégiant le logiciel libre ;
6. Développer une stratégie nationale de protection contre les risques majeurs et les changements climatiques ;
7. Axer les programmes de recherche scientifique et technologique sur les domaines touchant le citoyen et les conditions de vie des ménages, allant du cadre de vie (logement), à l'amélioration du bien-être physique et moral, en tenant compte du contexte historique et culturel du pays ;
8. Renforcer les sciences sociales et humaines en les connectant davantage au quotidien des citoyens et aux problèmes de la société ;
9. Renforcer et développer la recherche fondamentale qui reste prioritaire. L'objectif est d'amener le pays à un meilleur classement continental et mondial dans les principaux domaines de la science et de la technologie, par une amélioration de la visibilité du Gabon en donnant une meilleure lisibilité de la dynamique nationale de recherche-développement.

A partir de ces grands objectifs, les programmes de recherche scientifique et technologique pourront être construits à partir des thématiques suivantes :

- agriculture et agro-industries ;
- aménagement du territoire ;
- biotechnologie ;
- communication ;
- décentralisation.
- économie ;

- éducation et formation ;
- énergies renouvelables ;
- environnement et promotion du développement durable ;
- état de droit et justice ;
- exploration, exploitation et transformation des matières premières ;
- forêts ;
- habitat, construction et urbanisme ;
- hydrocarbures ;
- jeunesse et sports ;
- langues et cultures ;
- pêche et aquaculture ;
- population et société ;
- préhistoire, archéologie, géologie et histoire ;
- prévention des catastrophes naturelles et protection contre les risques majeurs ;
- ressources en eau ;
- santé ;
- sciences fondamentales ;
- sciences humaines et sociales ;
- technologies de l'information et de la communication ;
- technologies industrielles ;
- technologies spatiales et leurs applications ;
- transports ;
- travaux publics ;
- valorisation des matières premières et industries.

Sur la base de choix prioritaires clairs et précis, les activités de recherche vont être menées à partir de contrats de partenariat public-privé, dans les universités, centres et laboratoires de recherche publics et/ou privés.

Action urgente 4 : **Construire et mettre en œuvre un dispositif national de coordination et de financement efficient de la recherche scientifique et, plus globalement, de la science et de la technologie**

Une autre action importante de réforme vise la coordination et le financement de la recherche scientifique gabonaise, sans doute les deux principaux écueils qui ont miné le secteur de la recherche jusqu'à maintenant. Pour moi, un outil essentiel peut permettre au Gabon de construire et mettre en œuvre un dispositif national de coordination et de financement efficient de la science et de la technologie : l'Agence Nationale de la Recherche (ANR) dont je présente en annexe 6 un projet de décret.

L'Agence Nationale de la Recherche aura pour mission de gérer un fonds national de la recherche, sur la base des évaluations (évaluation *a priori* des projets proposés et suivis *a posteriori* de l'évolution des travaux) à partir de la commande du gouvernement, des collectivités locales, des partenaires internationaux et du secteur privé. Dans cette perspective, toutes les structures de recherche (les opérateurs de recherche), aussi bien au sein des Universités (qui devront toujours disposer de leurs laboratoires de recherche) que dans les Instituts de recherche et les laboratoires de recherche publics ou privés, pourront présenter ou faire leurs offres de financement pour solliciter des financements publics. De la même façon, des chercheurs et enseignants-chercheurs pourront, individuellement ou regroupés au sein d'Unités Mixtes de Recherche, répondre à des appels d'offres de l'ANR en soumettant leurs projets en vue d'obtenir des financements publics. Cette stratégie aura l'avantage d'éviter la dispersion et l'émiettement des moyens et le cloisonnement excessif dans leur utilisation, comme c'est le cas aujourd'hui, entre les différentes structures de recherche et entre les ministères bénéficiaires des budgets destinés au financement de la recherche scientifique par l'Etat. Comme celui-ci ne saurait durablement assurer, tout seul, le financement de la Science et de la Technologie – cela n'est d'ailleurs envisageable dans aucun pays du monde – les Instituts et les laboratoires de recherche, tout comme les chercheurs et enseignants-chercheurs, individuellement ou au sein d'Unités Mixtes de Recherches, devront développer une politique de diversification de leurs sources de financement en répondant à des appels de financement à l'international ou en nouant des partenariats avec le secteur privé ou encore en commercialisant les produits de leurs recherches.

Dans un tel contexte, la première condition pour agréer le financement d'une UMR ou d'un laboratoire par des fonds publics devrait être celle de la pertinence réelle de la recherche, c'est-à-dire son intérêt par rapport aux priorités du développement du pays[17]. Sans exclure évidemment les projets individuels, les projets collectifs devraient être privilégiés afin d'encourager la recherche en équipes, y compris la recherche pluridisciplinaire et transdisciplinaire, sous la supervision d'un directeur scientifique. Du point de vue de l'évaluation, les projets qui seraient financés par l'ANR devraient s'échelonner sur deux, trois ans voire plus, avec une évaluation chaque année, à mi-parcours, etc. Le renouvellement du financement serait fonction des résultats au moment des évaluations.

[17] A cet égard, le Programme Ivoiro-Suisse d'Appui Stratégique à la Recherche Scientifique (PASRES) est un modèle très intéressant dont on peut s'inspirer au moins pour lancer le processus.

4

FONDEMENTS D'UNE POLITIQUE DE SCIENCE ET DE TECHNOLOGIE UTILE AU DEVELOPPEMENT DU GABON

Dans ce chapitre, j'approfondis les propositions formulées dans le chapitre précédent, pour contribuer à définir une politique ST au Gabon. Ces propositions, que j'ai présentées en 2010 aux « Etats généraux de l'Education et de la Recherche », mais qui n'ont reçu aucun écho favorable de la part de la tutelle, se fondent sur les grands objectifs suivants : mettre en place d'une organisation susceptible de booster le ST au Gabon, mobiliser des moyens financiers et matériels nécessaires à l'accomplissement de l'ensemble des missions de la recherche scientifique et technologique, renforcer les établissements d'enseignement supérieur et de recherche et l'amélioration de leur coordination, amplifier dans le dispositif national, une dynamique propre de la recherche scientifique et technologique, réaffirmer le rôle central des personnels de la recherche dans le dispositif national de ST.

4.1. Mettre en place une organisation susceptible de booster la recherche scientifique et technologique

Pour dynamiser la recherche scientifique et technologique, il faut une organisation nouvelle s'appuyant sur :

- un ministère de plein exercice dédié à la recherche ;
- une nouvelle loi d'orientation fixant les principes fondamentaux de la recherche scientifique, et plus globalement la science et la technologie au Gabon ;
- un véritable conseil scientifique qui va se charger, entre autres, de l'évaluation des recherches et leur impact sur le développement du Gabon ;

- une agence nationale de la recherche qui se chargera principalement de gérer un fonds national de recherche pour financer les programmes de recherche et de faire le suivi ;
- de grands instituts aux côtés du CENAREST, spécialisés sur les grandes thématiques du Plan Stratégique Gabon Emergent (PSGE).

4.1.1. Un ministère de plein exercice dédié à la recherche

Au moment où j'ai écrit cet ouvrage, de janvier à décembre 2013, la composante recherche était intégrée dans un grand ministère fourre-tout, qui avait en charge à la fois l'éducation nationale, l'enseignement supérieur, l'enseignement technique, la formation professionnelle, la recherche scientifique, la culture, la jeunesse et le sport. Dans un tel contexte, il était très difficile d'envisager une quelconque visibilité de la recherche et encore moins une véritable dynamique de réforme. D'où la revendication exprimée alors par tous les acteurs de la recherche scientifique y compris d'ailleurs les experts internationaux qui ont participé aux différents fora organisés par ledit ministère. Cette exigence a été prise en compte dans le dernier gouvernement, puisqu'il existe maintenant un ministère de plein exercice dédié à la recherche scientifique.

4.1.2. Une Agence Nationale de la Recherche (ANR)

Dans ma vision des choses, l'activité principale de cette agence, qui devrait disposer d'une totale autonomie, consistera à financer la recherche scientifique au Gabon. A partir de la commande publique et/ou privée, il s'agira de financer des projets de recherche scientifique ou technologique au travers des appels à projets compétitifs. Dans l'organisation de la recherche scientifique que je propose ici, ces projets seront portés par une ou plusieurs équipes de recherche au sein des laboratoires des centres de recherche ou des universités. Pour s'éloigner de la cacophonie actuelle dans la gestion des crédits dédiés à la recherche, l'ANR (ou l'ANRG, pour Agence Nationale de la Recherche Scientifique du Gabon) financera aussi des opérations spécifiques dans le domaine du transfert de technologies dans tous les domaines et secteurs d'activités. Elle aura également pour vocation d'allouer des bourses de formation aux jeunes chercheurs et de financer des opérations de coopération internationale scientifique. Dans cette perspective, tous les fonds engagés par les bailleurs internationaux pour financer des projets de recherche au Gabon devront obligatoirement passer par cette agence.

L'ANR devra donc favoriser la créativité, le décloisonnement et l'émergence des partenariats. Elle devra, en outre, cibler les efforts de recherche sur des priorités économiques et sociétales définies au plus haut niveau de l'Etat (cf. Loi d'orientation et de programmation de la recherche scientifique et du développement technologique) et en concertation avec les autres acteurs de la recherche, encourager les interactions entre disciplines, intensifier les liens public-privé et développer les collaborations nationales, sous-régionales (CEMAC), régionales (espace CAMES) et internationales.

4.1.3. Des instituts ou centres de recherche

Les instituts de recherche seront les principaux outils de mise en œuvre de la nouvelle politique de recherche scientifique. J'envisage la création d'au moins neuf grands instituts de recherche, en tenant compte du « Plan Stratégique Gabon émergent » :

- ✓ un institut dédié aux sciences marines et à l'océanographie ;
- ✓ un institut dédié à la foresterie, à l'écologie, à l'environnement et aux changements climatiques ;
- ✓ un institut dédié à la santé humaine et animale ;
- ✓ un institut dédié à la sécurité alimentaire ;
- ✓ un institut dédié à la statistique ;
- ✓ un institut des sciences de l'homme ;
- ✓ un institut d'informatique et de technologies ;
- ✓ un institut dédié aux mathématiques appliquées et aux sciences dures ;
- ✓ un institut dédié aux langues et cultures gabonaises.

4.1.4. Des laboratoires de recherche

Il convient, tout d'abord, de rappeler une fois encore ce qu'est un laboratoire de recherche. Un laboratoire de recherche est le cadre le plus immédiat de la vie scientifique. Il permet aux chercheurs travaillant sur des problématiques voisines d'interagir. Dans la plupart des cas, il abrite aussi des dispositifs expérimentaux.

Dans le dispositif que je propose, chaque centre de recherche comprendrait, en fonction de ses domaines de compétence et de ses ressources, un nombre donné de laboratoires. De mon point de vue, les laboratoires de recherche devraient être de véritables structures de recherche créées sur la base de textes précis, qui s'appliqueront à tous les établissements y compris dans les universités et écoles supérieures.

4.1.5. Des Unités Mixtes de Recherche (UMR)

Une Unité Mixte de Recherche (UMR), sur le modèle de la France, est une entité administrative créée par la signature d'un contrat d'association d'un ou de plusieurs laboratoires de recherche d'un établissement d'enseignement supérieur (notamment d'université) ou d'un organisme de recherche avec le Centre national de la recherche scientifique(CNRS). Une unité mixte de recherche est créée généralement pour quatre ans.

De mon point de vue, il s'agit, là, d'un élément essentiel du dispositif qui permettra de créer, entre les instituts et laboratoires de recherche et les universités et écoles supérieures, les conditions pour une plus grande synergie. Les UMR vont permettre, en outre, de mutualiser les moyens et d'adosser véritablement la recherche à la pédagogie, et vice versa, dans le cadre d'une mise en œuvre efficiente de l'ingénierie LMD (notamment aux niveaux Master et Doctorat). Il s'agit, de mon point de vue et au regard des spécificités du Gabon, de la meilleure voie pour amener à une gestion équilibrée des moyens financiers, matériels et humains.
Il convient de préciser que la mise en œuvre d'UMR va permettre une gestion efficace des ressources humaines au travers de l'association des chercheurs et des enseignants-chercheurs autour de projets communs. Cette solution va, en outre, permettre de régler la question du niveau d'encadrement encore terriblement insuffisant dans les instituts de recherche qui ne disposent, près de 40 ans après leur création, que deux directeurs de recherche (tous deux en lettres et sciences humaines) et à peine quatre maîtres de recherche (deux en lettres et sciences humaines et deux autres en sciences dures), même si on peut

prévoir l'inscription au CAMES (Conseil Africain et Malgache pour l'Enseignement Supérieur) d'une dizaine de directeurs de recherche et une vingtaine de maîtres de recherche d'ici à 2020.

4.1.6. Des plateaux techniques modernes

On peut tout concevoir sur papier, même les plus grands buildings du monde. Mais s'ils restent à l'étape de simples projets sur papier comme on en a vu des milliers dans notre pays (par exemple le super projet de construction des universités à l'intérieur du pays dont les premières pierres ont été posées en 2008 mais qui restent du domaine du virtuel depuis lors), on n'aura pas fait un seul pas en avant dans le sens de la mise en œuvre d'un système national de recherche scientifique utile au développement du pays.

Nécessairement, on devra passer par la construction de plateaux techniques correctement équipés. A mon sens, il s'agit de grands pôles, à l'instar de l'ICRAF à Nairobi, qui vont regrouper les activités de recherche, bien sûr en fonction des objectifs fixés et des grands programmes retenus comme prioritaires pour le développement du pays.

De mon point de vue, on doit envisager la construction d'au moins neuf grands plateaux techniques, dont un par province. On peut imaginer, par exemple, que le grand institut dédié à la foresterie, l'environnement, l'écologie et les changements climatiques soit situé dans la région de Makokou sur l'actuel site de la station IPASSA. On peut aussi penser que le Centre de recherche dédié à l'agro-industrie soit affecté dans le Woleu-Ntem (à Oyem par exemple) et que le Centre dédié à l'Océanographie et aux Sciences marines soit construit dans l'Ogooué-Maritime, par exemple à Port-Gentil.

Cette cartographie des plateaux scientifiques (plateaux techniques) devra résulter d'une consultation sereine et objective des acteurs locaux de la recherche scientifique et non d'une vision extérieure, fût-elle fondée sur des grands experts internationaux.

4.2. LES GRANDS PRINCIPES

4.2.1. Sur la gouvernance

On le sait, la gouvernance est le principal écueil dans l'univers de la recherche scientifique et l'enseignement supérieur au Gabon. Cela, du fait de la nomination des responsables, ce qui est une terrible aberration aujourd'hui. Dans la plupart des cas, ceux qui sont nommés n'ont pas toujours la crédibilité et la reconnaissance qu'impose une telle fonction, et n'ont en général pas de projet pour l'institution dont ils ont la charge. Pour améliorer la gouvernance des institutions de recherche y compris les universités et écoles supérieures, c'est l'élection des responsables. Dans le cas d'un centre de recherche, le directeur doit être élu par les chercheurs, les techniciens et les agents de la main d'œuvre ; le responsable d'un laboratoire ou d'une unité mixte doit être élu sur des bases de compétence et de performance. Encore une fois, la nomination par la Conseil des Ministres est un anachronisme fâcheux, totalement incompatible avec les objectifs de performance.

En 2002, le gouvernement avait fait machine arrière pour remettre en cause l'élection des responsables dans les universités, une grande avancée acquise de haute lutte par le SNEC dans les années 1990. Le principal argument qui avait été invoqué pour justifier le retour à la case départ, c'était le vote ethnique ou alors l'impossibilité des membres de certaines ethnies d'accéder aux différents fonctions par le mode électif. Un pays comme le Bénin, qui compte plusieurs ethnies n'a-t-il pas réussi à construire une ingénierie extrêmement admirable pour la désignation, sur des base électives (élections démocratiques !) des responsables des établissements d'enseignement supérieur et de recherche scientifique ?

4.2.2. Sur l'autonomie des établissements

Au cours de mon récent séjour à Niamey (Niger), pour prendre part à la quatrième semaine scientifique du CORAF/WECARD (16-20 juin 2014), j'ai été émerveillé d'apprendre que les universités et les centres de recherche du Bénin sont totalement autonomes. Leurs responsables sont démocratiquement élus pour au moins un mandat, sur la base d'un projet d'établissement qu'ils mettent en œuvre. Pour montrer le pouvoir que peut avoir un responsable élu, on m'a raconté l'histoire d'un recteur qui avait quitté la salle de réunion, lassé d'attendre le ministre de tutelle pendant près d'une heure. Lorsqu'il a été convoqué pour s'en expliquer, il a répondu qu'il avait été élu pour gérer son université et non pour perdre du temps à attendre indéfiniment un ministre dans une salle de conférence d'un grand hôtel de la place. Il a ajouté que si le Ministre avait du temps à perdre, lui le Recteur avait des urgences qui ne pouvaient lui permettre de perdre du temps. J'ai expliqué aux collègues que dans mon pays, un tel geste entraîne votre révocation, le soir même ou le lendemain au plus tard, à partir du moment où vous êtes nommés. Mais, j'ai immédiatement rassuré les collègues béninois quant à l'évidence que la majorité de leurs collègues du Gabon soutiennent effectivement la perspective de l'élection des responsables dans l'enseignement supérieur et la recherche. Il s'agit, là, d'un élément essentiel pour garantir l'indépendance – ou du moins l'autonomie – de ces établissements vis-à-vis des influences politiques qui minent considérablement le bon fonctionnement de ces établissements. C'est une urgence absolue de libérer les énergies des universités et des centres de recherche. Concrètement, les établissements (de formation et de recherche) devraient disposer de tous les leviers pour organiser, eux-mêmes, leurs formations en fonction des besoins de leurs étudiants et de la situation de l'emploi, faire émerger de nouvelles niches d'excellence scientifique, recruter des chercheurs de haut niveau, valoriser l'engagement des personnels, créer des fondations et développer leurs coopérations, notamment avec les entreprises et les industriels, au plan national comme à l'international.

4.2.3. Sur le recrutement de ressources humaines de qualité

Pour permettre à la recherche scientifique d'impacter le développement du pays, il faut aussi que les centres et instituts de recherche disposent de ressources humaines de qualité. Il s'agit de renforcer et rationaliser le potentiel qualitatif des chercheurs, pour être capable de recruter les meilleurs et seulement les meilleurs. Sur cette base, il y a donc fatalement nécessité d'aller vers une amélioration qualitative et pas nécessairement quantitative ; ce qui aboutira, en définitive, à définir et à mettre en œuvre des critères d'excellence pour le recrutement des chercheurs et arriver à une programmation annuelle (ou pluriannuelle) de ces recrutements sur la base de besoins objectifs dans chaque Institut et Laboratoire de recherche et de profils de postes clairs. L'Etat ne peut continuellement recruter à tout va et remplir les centres de recherche de tant de pseudo chercheurs dont la seule activité est d'attendre désespérément le 25 du mois pour toucher leur solde de fonctionnaires ou le début du trimestre suivant pour percevoir une prime de recherche totalement imméritée. Pour prendre un exemple précis, sur près de 300 chercheurs recensés au CENAREST, je n'ai pas pu, en sept ans de fonctions en tant que Commissaire Général, compter sur plus de deux chercheurs à l'IRT, sur plus de cinq chercheurs à l'IRAF, sur plus de dix chercheurs à l'IRET, sur plus de deux chercheurs à l'IPHAMETRA ou sur plus de vingt chercheurs à l'IRSH, alors que chacun de ces instituts compte, en théorie, plusieurs dizaines de chercheurs voire plus de cent dans le cas de l'IRSH.

Comme en France, et pour reprendre cet exemple fort intéressant, chaque année des postes seraient publiés en tenant compte des besoins réels des institutions. Les candidats, gabonais ou non, résidents au Gabon ou non, seraient auditionnés. Seuls les meilleurs d'entre eux seraient recrutés à partir de postes budgétaires préexistants ou dans le cadre de projets scientifiques mis en œuvre par un laboratoire de recherche. Une telle démarche de bon sens va, de toute évidence, permettre d'améliorer l'impact de la recherche scientifique gabonaise dans le processus de développement du pays.

4.3. Les obligations urgentes de l'Etat

4.3.1. Mobiliser les moyens nécessaires à l'accomplissement de l'ensemble des missions de la recherche scientifique et technologique

Pour que les missions de la recherche scientifique et technologique puissent être menées à bien et pour que les propositions faites ici aboutissent, il faut que l'Etat affecte, de façon soutenue, des moyens importants destinés au financement de la recherche publique. Je pense très franchement qu'une dotation annuelle de dix milliards de Francs CFA – ce qui représente largement moins de 1% du budget national (fonctionnement et investissement cumulés) – pour alimenter un fonds national de la recherche scientifique, constitue le strict minimum si on veut garantir une recherche diversifiée et de qualité dans les secteurs définis comme prioritaires pour le développement du pays. La programmation pluriannuelle du budget et de son utilisation, et la résorption de la précarité des chercheurs sont des priorités si l'on veut construire, au Gabon, un dispositif ST véritablement utile au développement du pays. Il faut donc que la connaissance scientifique soit reconnue comme un bien public au niveau national. Dans le cadre de la construction d'une dynamique sous régionale, cette dimension doit aussi être prise en compte et disposer de financements communautaires conséquents.

4.3.2. Renforcer les établissements d'enseignement supérieur et de recherche et favoriser leur coordination

Comme dans la plupart des pays, un pan important de la recherche scientifique gabonaise est réalisé au sein des universités. Elle s'appuie sur les laboratoires de recherche, plus ou moins performants selon les disciplines. Il s'agit donc d'améliorer la coopération entre les organismes pour contribuer au développement d'un cadre cohérent de recherche scientifique.

On le sait aussi, les universités ont vocation à jouer un rôle très important dans le dispositif de recherche, au moins par rapport à la mise en œuvre de la réforme LMD. Il est donc absolument nécessaire de leur donner plus de moyens afin qu'elles engagent rapidement une réforme profonde de leur fonctionnement à différents niveaux (structures de décision, évaluation, etc.).

Je suis absolument conscient que le nombre et le contour des laboratoires de recherche au sein des universités doit être repensé en profondeur pour proscrire définitivement cette logique qui voudrait qu'un laboratoire se crée au gré des humeurs des uns et des autres et qu'il soit la propriété de son (ses) créateur(s) plutôt que d'être une structure de l'université, au service de l'université et du développement du pays.

Définir clairement une vision gabonaise de ST, revient, à mon avis, à mettre en œuvre la dimension territoriale de la recherche au travers de la création de Pôles de Recherche et d'Enseignement Supérieur dans chacune des provinces du pays, au moins pour celles qui disposent ou qui vont disposer, à court ou à moyen terme, d'une université ou d'un grand centre (institut) de recherche (dans l'immédiat), associant localement les différents partenaires de l'enseignement supérieur et de la recherche, tant publique que privée. Dans une telle perspective qui me paraît être la seule voie de bon sens, on peut aussi imaginer la création, au sein de chaque parc national, d'un grand centre de recherche multidisciplinaire alliant recherche scientifique et enseignement supérieur.

4.3.3. Placer la dynamique propre de la recherche au cœur de la politique scientifique nationale

Un ensemble de mesures vise à amplifier, dans le cadre d'une politique scientifique nationale, la dynamique propre de la recherche. Cela requiert donc une refonte intégrale des modalités de recrutement des personnels et l'évaluation rigoureuse de la qualité des recherches ainsi que l'allègement de contraintes actuellement très pénalisantes, comme la lourdeur des mécanismes d'exécution des budgets dans des établissements pourtant estampillés « en autonomie financière ».
Il s'agit, là, d'un handicap majeur dans l'exercice quotidien de la recherche. Sur la base de mon expérience d'ordonnateur des budgets du CENAREST, sauf à considérer que l'ANR mettra à la disposition des bénéficiaires l'intégralité de l'argent sur leurs comptes, je proposerais, que sa gestion financière soit totalement différente de ce qui sc fait aujourd'hui, un contrôle financier *a posteriori* plutôt qu'*a priori*, une gestion totalement autonome des instituts et des laboratoires de recherche, l'adoption d'un logiciel de gestion commun à tous les établissements, l'allègement de la procédure des marchés surtout en ce qui concerne les budgets dédiés à la recherche.

On le sait, les budgets ne sont généralement disponibles que tardivement – lorsqu'ils sont dégagés – et il est rare qu'ils soient consommés en totalité. On peut aussi se laisser aller à rêver d'une dotation budgétaire des crédits de recherche sur une période pluriannuelle, à partir de la programmation de la recherche que j'appelle de tous mes vœux, pour asseoir une vraie dynamique de gestion efficiente des projets de recherche. Dans cette perspective, le niveau du financement par l'Agence Nationale de la Recherche sera déterminé sur la base d'une évaluation rigoureuse de chaque projet scientifique, des équipes qui la composent ainsi que des moyens nécessaires à sa réalisation, et cela, à chaque étape du processus de mise en œuvre. En particulier, la cohérence entre l'attribution des crédits et le potentiel humain sera assurée dans chaque institut et chaque laboratoire de recherche. On en arriverait alors, et c'est une évidence, à une meilleure coordination et une bonne évaluation des recherches mises en œuvre dans le pays. Cette évaluation, orchestrée par l'ANR, devra faire appel à des experts nationaux et internationaux. Une accréditation des procédures d'évaluation devra garantir une évaluation collégiale, contradictoire et indépendante.

4.3.4. Réaffirmer le rôle central des personnels de la recherche dans le dispositif national de ST

Un ensemble de mesures vise à garantir la vitalité et la pérennité du système de recherche en augmentant l'attractivité des métiers de la recherche et en améliorant le système d'évaluation est nécessaire. Le renouvellement et le développement du dispositif de recherche publique, nécessaire à l'accomplissement des missions qui lui sont dévolues, passe par la mise en place d'un plan pluriannuel pour l'emploi scientifique avec des carrières attractives, tant dans les conditions d'exercice du métier que dans leur déroulement. Cela permettra d'attirer et de ramener au pays les jeunes diplômés des universités étrangères et d'augmenter l'emploi dans le secteur de la recherche publique.

La préparation d'une thèse dans les domaines jugés prioritaires devrait, dans cette perspective, avoir comme cadre le statut de premier emploi, en généralisant le financement par l'ANR et en éliminant progressivement les financements précaires. La possibilité d'effectuer un monitorat doit être largement développée. Un accompagnement amélioré de l'école doctorale et la diversification des débouchés permettront de donner des perspectives d'emploi à la hauteur de la qualification des docteurs et de faire bénéficier des secteurs plus larges de la société de cette formation de haut niveau.

Pour aménager la période entre thèse et recrutement et réduire la précarité actuelle des diplômés qui, pour être intégrés à la Fonction Publique, sont obligés d'attendre plusieurs années, il est, plus que jamais nécessaire de transformer les dispositifs actuels (qui sont obsolètes dans le cas des textes régissant les chercheurs), en définissant un statut de « chercheur » ou de « chercheur-associé", reconnu et rémunéré. Le nombre de ces postes doit impérativement être limité pour éviter la création d'un nouveau volant de personnel ayant un emploi temporaire. Le recrutement de chercheurs et d'enseignants-chercheurs sur des postes stables doit être effectué majoritairement dans les six ans après le début de la thèse et après une première inscription au CAMES (« maître-assistant » pour les enseignants-chercheurs et « chargé de recherche » pour les chercheurs).

De mon point de vue, il est crucial de reconnaître la complémentarité des métiers de chercheurs, enseignants-chercheurs et ingénieurs, tout en favorisant largement les passerelles entre ces différents métiers. Les conditions permettant aux enseignants-chercheurs de faire de la recherche doivent être significativement améliorées.

Un effort particulier sera fait pour les décharges d'enseignement des jeunes maîtres de conférences. Des mécanismes de réduction modulée du service pédagogique, propres aux universités, ou de détachement des enseignants-chercheurs dans les organismes de recherche, permettront d'atteindre cet objectif. Pour cela, sera prise en compte l'évaluation de l'activité de recherche par une instance nationale indépendante.

Par ailleurs, les enseignants-chercheurs devront bénéficier, au cours de leur carrière, de la possibilité de rééquilibrer leurs diverses missions (enseignement, recherche, encadrement pédagogique, administration). Ces dispositions imposent une augmentation significative du nombre d'enseignants-chercheurs et donc un effort budgétaire important mais indispensable et réaliste du dispositif.

L'évaluation doit intégrer l'ensemble des activités des chercheurs et des enseignants-chercheurs. Elle doit être systématique, approfondie et suivie de conséquences exécutives. L'évaluation de la composante recherche dans toutes ses dimensions devra être effectuée au niveau national (par le ministère), l'enseignement étant évalué au niveau local (dans chaque établissement). Des dispositifs de suivi et d'accompagnement de tous les personnels de la recherche doivent être mis en place pour faciliter leurs parcours professionnels. Ils permettront d'encourager la mobilité des personnels de toutes les catégories.

5

L'EXISTENCE DU CENAREST EST-ELLE PERTINENTE DANS UN NOUVEAU DISPOSITIF DE RECHERCHE ?

J'ai décidé d'ajouter ce chapitre à la dernière minute. Il m'a semblé, en effet, nécessaire au moins pour l'histoire, de présenter un bilan de l'action du CENAREST pour montrer l'absurdité des récriminations, aussi dures les unes que les autres, qui lui sont adressées. Je précise bien que je n'écris pas ce chapitre en défenseur patrimonial de cette institution dont je n'aurais été, comme mes prédécesseurs commissaires généraux successifs, qu'un simple serviteur. Malgré les limites de mon action solitaire à changer cette opinion négatrice, je ne pouvais rester insensible devant la mise à mort d'une institution pourtant connue et reconnue même à l'international comme un véritable outil de performance de la recherche scientifique au Gabon.

5.1. LE CENAREST BOUC-EMISSAIRE DE L'ECHEC DE LA RECHERCHE SCIENTIFIQUE AU GABON ?

Depuis quelques années, un certain discours prend forme sur l'objectif de dynamiter le CENAREST, le coupable désigné de l'échec de la politique scientifique du Gabon. Les tenants de cette idéologie sont soutenus par un groupe de chercheurs totalement déconnectés des réalités et souvent peu informés à la fois de la vie de cette institution et des enjeux véritables de la recherche scientifique au service d'un pays. Entre 2010 et 2013 par exemple, la situation a été totalement invivable, tant l'action du ministère de tutelle a consisté à réduire à néant l'existence du CENAREST pour mieux justifier son éradication : les prérogatives du Commissariat général, par exemple, n'ont plus été respectées ; les cinq instituts étant systématiquement traités comme des institutions autonomes sous tutelle directe du Ministre y compris pour les recrutements de chercheurs. Ce faisant, l'activité du Centre, qui n'a d'ailleurs plus reçu le moindre centime pour financer les activités de recherche et les équipements depuis 2008 ou 2009 selon les instituts a progressivement été réduite à la portion congrue. La création, en 2010, d'une direction générale de la recherche scientifique et de l'innovation au sein du ministère de tutelle a été la goutte d'eau de trop dans un vase déjà bien plein. En effet, si tout le monde au CENAREST, notamment, s'est réjoui de la création de cette structure administrative, comme il y en a dans tous les ministères de la recherche dans les pays qui ont construit un véritable dispositif national de recherche scientifique, la cacophonie et les batailles interminables pour les prérogatives et les compétences ont définitivement jeté une ombre sur l'existence du CENAREST en tant que structure publique de mise en œuvre des activités de recherche.

En fait, tous les fossoyeurs du CENAREST y compris au sein de l'institution, sont partis d'un postulat simpliste : pour augmenter l'efficacité de la recherche scientifique au Gabon, il faut « liquider » le CENAREST, le coupable désigné de l'incapacité du pays à définir une véritable politique de recherche scientifique en cinquante ans d'indépendance, soit en rendant autonomes les cinq instituts de recherche, qui deviendraient tout simplement soit des établissements autonomes directement sous tutelle du ministère, avec à leur tête des supers directeurs généraux nommés en Conseil des Ministres ; soit des établissements qui intégreraient les universités au même titre que les facultés, par exemple l'IRSH à l'Université Omar Bongo et l'IPHAMETRA à l'Université des Sciences de la Santé, comme cela a été fortement envisagé de 2010 à 2013.

De toute évidence, les problèmes ont toujours été mal posés : on prend la conséquence pour en faire la cause, alors qu'une méthode saine et juste impose d'inverser cet ordre pour arriver à une bonne appréciation de la réalité des faits. En fait, la vision consistant à faire porter au CENAREST le chapeau du fiasco de la recherche scientifique au Gabon repose sur une appréciation totalement erronée à la fois de la situation de la recherche scientifique au Gabon et de la vie du CENAREST depuis sa création.

Le problème de l'efficacité de cette institution, et plus globalement de l'utilité des chercheurs au Gabon, est plus lié à l'inexistence d'une politique de la recherche scientifique dans le pays et à une absence totale de ligne directrice, de programmation et de moyens, plutôt qu'à une simple question d'affectation des instituts existants ici ou là, au gré des intérêts et d'une vision du court terme.

Dans ce chapitre, je vais essayer de montrer que la plupart des accusations portées contre le CENAREST pour justifier l'incapacité de la recherche scientifique gabonaise à impacter véritablement le développement du pays ne sont pas justes et que le CENAREST ne saurait porter la responsabilité de cet échec. Un regard rétrospectif de l'activité du CENAREST depuis sa création montre, en effet, que l'institution continue, avec force et détermination, d'assumer pleinement ses engagements, en dépit du fait qu'il n'a jamais reçu des moyens correspondants aux missions qui lui ont été assignées.

5.2. Pour une evaluation juste et objective de l'activite du CENAREST depuis sa creation

La question de l'existence ou non du CENAREST dans un véritable dispositif national de recherche, qu'il faut créer au Gabon, doit effectivement se poser et faire l'objet d'un débat sans complaisance. Mais pour qu'il soit juste et éloigné des conflits d'intérêts, ce débat doit reposer sur un examen minutieux (un audit approfondi) de la vie de cette institution depuis bientôt quarante ans. Cet audit permettra de voir ce qui a marché et ce qui ne l'a pas été et, en conséquence, de fonder un jugement plus juste, avec des perspectives plus cohérentes et plus pertinentes.

Dans ce qui suit, j'esquisse une présentation générale de l'activité du CENAREST depuis sa création. Je détaille, pour chacune des missions[18] qui lui ont été confiées, les activités réalisées, notamment pendant la période de mon magistère.

[18]Le décret n° 000322/PR/MRSEPN du 9 avril 1977 portant organisation du Centre National de la Recherche Scientifique et Technologique et la loi 22/2000 du 10 janvier 2001 déterminant les principes fondamentaux de la recherche scientifique en République gabonaise précisent très clairement les missions du CENAREST.

Chacun des textes créant les instituts de recherche du CENAREST spécifie ces missions en fonctions des différents domaines de compétences de l'institution (agronomie, écologie, pharmacopée et médecine traditionnelle, sciences humaines et sociales, technologies).

Mission 1. Elaborer des projets de planification de la recherche scientifique à soumettre au Conseil Interministériel pour la Recherche Scientifique (CIMIR)

Depuis que le CENAREST a vu le jour, nombre de projets de planification de la recherche scientifique ont été soumis au Gouvernement. Pour ma part, depuis six années, j'ai présenté à chaque nouveau ministre et à chaque conférence budgétaire, un nouveau dispositif de recherche au CENAREST. Hélas, aucun de tous mes appels de détresse n'a reçu d'écho favorable. Il faut ajouter que le CIMIR n'a été convoqué qu'une seule fois en 2008 par le ministre Albert ONDO OSSA. Les belles recommandations qui ont conclu cette réunion, pourtant de haut niveau, ont été jetées à la poubelle immédiatement après la lecture du rapport final. Sur ce premier point, il est évident que le CENARST ne peut être tenu responsable de l'échec de la recherche scientifique au Gabon.

Mission 2. Exécuter les programmes de recherche

Le CENAREST exécute nombre de programmes de recherche depuis toujours. Toutes ces recherches ont fait l'objet de tant de publications de haut niveau et permis l'évolution des chercheurs aux grades du CAMES. Malheureusement, les résultats des travaux des chercheurs du CENAREST n'ont pas toujours été pris en considération ni par le gouvernement qui préfère miser sur l'expertise internationale ni par les entreprises qui locales qui n'impliquent absolument pas la recherche nationale dans leurs activités. Pour prendre un exemple précis, celui de l'Institut de Pharmacopée et de Médecine Traditionnelle (IPHAMETRA), une chercheuse (madame RONDI) a produit un médicament traditionnel amélioré qu'elle a baptisé « PALMILANT ». Il s'agit d'une pommade qui permet de traiter et même de reconstituer la peau des grands brûlés. Cette importante découverte scientifique dans le domaine de la santé, qui a même été primée par le CAMES et qui est expérimentée avec beaucoup de succès par l'Hôpital d'Instruction des Armées de Libreville, est encore royalement ignorée par le gouvernement. Il aurait pourtant suffi d'un minimum de soutien financier de l'Etat ou d'industriels locaux pour que le Gabon arrive à produire un médicament très utile, qui aurait sûrement été vendu partout dans le

monde, à partir du moment où son efficacité est prouvée. L'État n'a même pas été capable d'aider cette chercheuse à protéger sa découverte.
Il convient de dire, une fois encore, que la plupart des activités de recherche sont assumées par les chercheurs eux-mêmes, sauf dans le cas des projets soutenus par des bailleurs internationaux. Je présente, ci-après, les grands projets scientifiques qui ont été financés par l'UE, les ACP et la JICA, de 2008 à 2014 :

- **Le projet PROTA (2007-2012)**

PROTA (Plant Ressources of Tropical Africa) a été un programme international et interdisciplinaire de grande envergure, qui a consisté à mettre en œuvre un système d'informations bilingues de grande qualité et tourné vers l'utilisateur sur environ 7000 plantes utiles de l'Afrique tropicale, rassemblées en 16 groupes d'usage, servant de base pour la gestion durable des écosystèmes, l'amélioration des conditions de vie et le développement économique des populations. PROTA a mis à la disposition des scientifiques et du grand public, une masse importante de données sur ces ressources végétales, disponibles pour l'enseignement, la vulgarisation, la recherche et l'économie, au travers de bases de données publiées en ligne, dans de livres, des CD-Roms et à travers des produits dérivés tels que des brochures, des prospectus et manuels divers.

- **Le projet ACP-FORENET (2008-2012)**

Le Projet ACP-FORENET (Establishment of a Forestry Research Network for ACP Countries/ *Etablissement d'un Réseau de Recherche Forestière pour les Etats d'Afrique, des Caraïbes et du Pacifique*) a porté sur la gestion durable des ressources forestières. Son objectif global était de contribuer au renforcement des capacités des structures dédiées à la recherche et à la gestion de la foresterie dans les pays ACP afin de leur permettre d'entreprendre des recherches sur la gestion durable des ressources forestières. L'objectif spécifique du projet a quant à la lui consisté à faciliter la collaboration interrégionale des organisations nationales de recherches forestières, en mettant l'accent sur le renforcement des capacités. Dans cette optique, PROTA a permis également de mettre en place un réseau de recherches en sciences forestières entre les trois régions ACP (Afrique, Caraïbes et Pacifique). Ce projet de grande ampleur a été financé par l'Union Européenne à travers le Secrétariat Général des ACP. Le CIFOR en a été l'Agence de Coordination. Ce dernier était assisté de trois organisations régionales, une organisation par région :

- **pour l'Afrique Centrale :** l'Institut de Recherche en Ecologie Tropicale (IRET/CENAREST, Gabon). Les pays concernés étaient : le Cameroun, la République Centre Africaine (RCA), le Congo, la République Démocratique du Congo (RDC), la Guinée Equatoriale et le Gabon ;
- **pour les Caraïbes :** le Centre International pour la Forêt, la Conservation et le Développement (Iwokrama, Guyane Anglaise). Les pays concernés étaient : la Guyane Anglaise et le Suriname (Guyane Hollandaise) ;
- **pour le Pacifique :** l'Institut de Recherche Forestière de Papouasie-Nouvelle Guinée (PNGFRI). Les pays concernés étaient : les Iles Fidji, la Papouasie-Nouvelle Guinée, les Iles Salomon et Vanuatu.

- **Le projet PROCOBHA (2009-2014)**

PROCOBHA (Projet de Conservation de la Biodiversité en Forêt Tropicale à travers la Coexistence Durable entre l'Homme et l'Animal) est l'émanation de la JICA. L'objectif principal de ce projet est d'arriver à définir et mettre en œuvre une méthodologie de gestion durable de la biodiversité en impliquant les populations locales. Les principaux résultats attendus sont :

1. Identifier les espèces, les habitats et les écosystèmes des grands signes, qui doivent être conservés en priorité dans le Parc national de Moukalaba-Doudou. En rapport avec ce résultat, nombre d'activités sont réalisées, notamment :
   - des inventaires permettant de mettre en évidence les caractéristiques des écosystèmes;
   - l'étude des interactions entre les primates et d'autres espèces;
   - l'étude de la diversité génétique des principales espèces.

2. Améliorer les méthodes de contact sécurisé entre l'homme et les grands mammifères, particulièrement les grands singes. Par rapport à cet objectif, plusieurs activités sont proposées :
   - l'étude des conditions de contact entre l'homme et les primates;
   - l'étude de l'état d'infection des primates par rapport aux principales amphixenoses.

3. Développer des méthodes scientifiques pour développer un écotourisme axé sur l'observation des primates. Par rapport à cet objectif, les activités réalisées sont :
   - l'habituation des primates;
   - l'aménagement les circuits écotouristiques dans la zone forestière pour les visiteurs;
   - l'élaboration d'un guide d'écotourisme.

4. Renforcer les capacités des populations locales pour la conservation de la biodiversité. Par rapport à ce résultat, les activités suivantes sont mises en œuvre :
   - développer les outils d'éducation environnementale pour la population locale;
   - former des guides locaux pour l'observation des primates;
   - évaluation socio-économique périodique de la population locale.

Les principaux acteurs de ce projet sont : la JICA en tant que bailleur, dans le cadre de la coopération technique, l'IRET et l'Université de Kyoto en tant que coordinateurs scientifiques et opérationnels; le CENAREST en tant que tutelle administrative du projet au Gabon ; l'ANPN, le Conseil départemental de Douigny et l'ONG PROGRAM en tant que partenaires.

Depuis 2009, le projet est financé exclusivement par le JICA, pour un montant d'environ deux milliards de Francs CFA. Ce financement couvre principalement l'envoi d'experts japonais au Gabon, la construction de la station de recherche à Doussala, l'aménagement du laboratoire de biotechnologie de l'IRET, l'organisation de stages au

Japon pour les chercheurs gabonais, l'achat des véhicules de terrain, les salaires des travailleurs du projet, etc.

Ce projet a un impact très important pour le Gabon :

- Il contribue à la recherche fondamentale sur la biodiversité du Gabon. Plusieurs articles scientifiques ont ainsi déjà été publiés. Les chercheurs gabonais sont bien impliqués dans l'élaboration des articles et dans la réalisation de la recherche. Quatre chercheurs de l'IRET et trois étudiants de l'USTM sont en passe de soutenir leurs thèses de doctorat en collaboration avec des chercheurs japonais.

- Il implique les populations locales à Doussala. Les villageois participent, ainsi, aux différentes activités en tant que pisteurs des primates, enquêteurs socio-économiques, etc. Les expériences du projet en matière de collaboration avec les villageois seront utiles non seulement pour le Parc national de Moukalaba-Doudou mais aussi pour les autres parcs nationaux du Gabon.

- Il permet de générer d'importants revenus aux populations et contribue donc à la réduction de la pauvreté. Grâce à l'écotourisme qu'il va engendrer, PROCOBHA va aussi contribuer à lutter efficacement contre le braconnage : à partir du moment où les populations vont prendre conscience de l'importance des grands singes pour leur permettre d'avoir des revenus permanents grâce à l'écotourisme, ils ne vont plus essayer de les tuer.

- **Le projet MANIOC (2010-2014)**

Le projet **MANIOC** « *Production durable du manioc au Gabon et intégration au marché* » est financé par l'UE à hauteur de deux milliards de Franc CFA et coordonné par le PRASAC. Il est mis en œuvre par des institutions de recherche ou de développement sur le manioc dans les six pays de la CEMAC (Cameroun, Centrafrique, Congo, Gabon, Guinée Equatoriale, Tchad). Les bénéficiaires de ce projet sont de petits exploitants ruraux, les producteurs, les transformateurs et les ONG. Ce projet répond à la priorité de créer des systèmes d'innovations associant les petits agriculteurs et tenant compte des connaissances traditionnelles dans les six pays en matière agricole. Le projet MANIOC vise donc à augmenter, de façon durable, la productivité des systèmes de culture à base de manioc, d'améliorer la qualité de conservation post-récolte, de diversifier les produits de transformation et d'en favoriser l'intégration aux marchés. Les objectifs spécifiques du projet sont :

- établir de façon participative un diagnostic des systèmes de culture, transformation et mise sur le marché du manioc ;
- proposer en concertation avec les producteurs et transformateurs des améliorations de la filière ;
- renforcer les capacités du système national de recherche et de développement ;

Les résultats et produits visés sont :

- diffusion de variétés locales de manioc sélectionnées et adaptées au goût des producteurs ;
- diffusion de référentiels sur les systèmes de culture (performances technico-économiques, diagnostic agronomique, contributions alimentaires, pratiques/logiques culturales, contraintes de production, impact environnemental, etc.) ;
- diagnostic, capitalisation et amélioration de la production de manioc ;
- amélioration et gestion des opérations post-récoltes et intégration des produits de manioc aux marchés ;
- renforcement des capacités nationales ;

- inventaire et évaluation des variétés de manioc cultivées localement ;
- création participative de référentiels des pratiques de culture ;
- diagnostic phytosanitaire, recherche et diffusion de méthodes de lutte contre les maladies et les ravageurs ;
- étude des usages et de la qualité des produits du manioc, et de leur intégration aux marchés ;
- formation des acteurs de la recherche et du développement ;
- création d'une plate-forme régionale manioc (site web, base de données, observatoire des marchés).

Par rapport à la deuxième mission qui consiste à exécuter les projets de recherche, il est évident que le CENARST, au regard de l'importante activité des chercheurs, ne peut être tenu pour responsable de l'échec de la recherche scientifique au Gabon.

Mission 3. Exercer le contrôle permanent de l'exécution des programmes élaborés par les organismes de recherche non nationaux qui utilisent les matériaux scientifiques gabonais

En 2006, le CENAREST et l'ANPN ont mis en place un Conseil Scientifique sur les Autorisations de Recherche (CSAR) au Gabon, pour exercer ce contrôle. Le CSAR est présidé par le Coordonnateur Scientifique et Technique. Il donne au Commissaire Général, des outils d'aide à la décision pour délivrer ou non une autorisation de recherche sur le territoire national. Le dossier de demande d'autorisation de recherche est téléchargé sur le site du CENAREST, à la grande satisfaction des partenaires internationaux. La demande d'autorisation de recherche comprend un formulaire qui identifie l'équipe de recherche et le chef de mission et qui décrit les activités de recherche envisagées (objectif, méthodologie, zone de recherche et durée, espèces étudiées, type et nombre d'échantillons à collecter, impact sur l'environnement, gestion des échantillons, analyses à effectuer, résultats attendus). Les tableaux 5.1 à 5.3 qui suivent présentent un aperçu général des demandes d'autorisation de recherche de 2006 à 2012.

Tableau 5.1 : Nombre des demandes d'autorisations de recherche de juin 2006 à décembre 2012.

	2006*	2007	2008	2009	2010	2011	2012
Nombre de demandes	26	20	19	32	36	37	52
Accordées	24	19	19	32	35	34	50
Rejetées	2	1	0	0	1	3	2

*La commission scientifique sur les autorisations de recherche a été mise en place le 16 juin 2006.

Tableau 5.2 : Pourcentages des demandes d'autorisations de recherche en fonction des structures (de juin 2006 à décembre 2012)

Instituts de recherche	34%
Universités	51%
ONG	15%

Tableau 5.3 : Pourcentages des demandes d'autorisations de recherche en fonction des zones géographiques des demandeurs (de juin 2006 à décembre 2012)

Afrique	40%
Amérique	19%
Asie	2%
Europe	39%

Une base de données, dénommée « Gestion des Autorisations de Recherche sur le territoire du Gabon » a été conçue par Aurélie Flore MOLOUBA LIKONDO, chargée de recherche à l'IRAF et conseiller scientifique du Commissaire Général du CENAREST en charge des autorisations de recherche. Cet outil de gestion permet de recenser les différentes demandes d'autorisation de recherche et les données y relatives. De fait, cette application constitue à la fois pour les différents acteurs de la recherche et du développement durable et des décideurs politiques, une source d'informations sur les activités de recherche menées par nos partenaires sur le territoire national. Les requêtes permettent notamment de générer un listing des autorisations de recherche par zone géographique, par thématique ou d'avoir accès aux rapports de missions fournis par les requérants.

Par rapport à la troisième mission qui consiste à exercer le contrôle permanent de l'exécution des programmes de recherche élaborés par les organismes de recherche non nationaux qui utilisent les matériaux scientifiques gabonais, il est encore évident que le CENARST a parfaitement rempli sa part du contrat et ne peut donc être tenu pour responsable de l'échec de la recherche scientifique au Gabon.

Mission 4. Assurer la coordination des activités de recherche scientifique et technique

Il s'agit, ici, de l'un des principaux manquements du CENAREST qui n'a pas d'emprise sur la recherche menée dans les universités et différents centres de recherche publics comme privés. Du fait sans doute de l'absence de moyens, le CENAREST n'a jamais été en position de coordonner la recherche nationale. Depuis 2009, nous avons construit une dynamique forte avec le CIRMF et le CERMEL. Le CENAREST a proposé à tous les chercheurs de ces centres, un arrêté d'intégration comme chercheurs-associés au CENAREST pour leur faciliter l'entrée sur le territoire.

La création, en 2010, d'une direction générale de la recherche scientifique au ministère aurait pu aider à corriger ce manquement, si cette structure ne s'était pas acharnée à se battre contre le CENAREST sur le champ de l'exécution de la recherche, au lieu de concevoir la politique de recherche comme cela devrait être sa mission régalienne.

Mission 5. Assurer le transfert et l'adaptation des technologies en vue de leur application au développement social et économique du Gabon

Il s'agit, là encore, de l'un des points faibles du CENAREST qui n'a jamais été en position d'assurer un transfert de technologies vers les populations et les industriels, dans un contexte où l'importance de la recherche scientifique n'est pas vraiment comprise. Il faut dire qu'en l'absence d'une politique de recherche et en l'absence d'équipements même les plus élémentaires dans la plupart des laboratoires d'instituts du CENAREST (et même dans la plupart des laboratoires des universités), les chercheurs sont systématiquement incapables de proposer la moindre assistance de laboratoire aux producteurs par exemple. Ainsi donc, en dépit de quelques rares velléités de collaboration sur la banane ou le manioc (entre chercheurs et producteurs), la plupart des travaux des chercheurs sommeillent dans les tiroirs ou dans les revues et ouvrages scientifiques.

Sur cette question de l'agriculture, et on peut prendre *n* exemples dans tous les domaines, on voit que l'IRAF qui a été créé par l'Etat pour entreprendre et développer les recherches sur les productions végétales, animales, forestières, halieutiques et sur l'économie rurale pour le développement économique et social du Gabon ; œuvrer au développement de la coopération scientifique interafricaine et internationale dans ces domaine ; mener, au profit des investisseurs, des études de projets dans les domaines agronomiques et forestiers (études techniques et économiques) et promouvoir la formation des chercheurs nationaux, des techniciens, des producteurs et des étudiants et dont le ministère de l'agriculture est l'une des tutelles administratives, est royalement ignoré par le ministère de l'agriculture, qui s'est évertué, ces dernières années notamment, à créer en son sein des structures de recherche, comme une direction de la recherche qui fait exactement la même chose que l'IRAF. La situation devient même franchement causasse quand ce sont des chercheurs de l'IRAF qui sont nommés à la tête de ces structures et qui sont incapables de créer le pont avec l'IRAF.

Mission 6. Promouvoir les structures nationales de recherche

Parmi les principales actions que nous avons définies et mises en œuvre pour promouvoir les structures nationales de recherche, il y a notamment le Prix CENAREST de la recherche scientifique et technologique créé en 2008 avec pour objectifs de (1) décloisonner et encourager la recherche scientifique et technologique au Gabon en lui offrant une audience élargie ; (2) créer une dynamique d'échange entre les acteurs de la recherche au Gabon, (3) instaurer un débat d'idées permanent autour des chercheurs et des résultats de leurs travaux et (4) encourager les chercheurs à aborder des recherches qui touchent les problèmes fondamentaux liés au développement du Gabon ainsi que les grands problèmes du monde contemporain, avec en arrière-plan, l'ambition de créer le nécessaire pont entre les chercheurs et l'industrie.

Cette grande manifestation scientifique (qui doit sa réussite à la Fondation Omar BONGO ONDIMBA qui finance à hauteur de cent cinquante mille euros le Grand Prix Omar BONGO ONDIMBA, à l'Assemblée Nationale qui met gracieusement ses locaux, à nombre d'entreprises qui soutiennent divers prix et à Gabon Télévision qui diffuse l'événement) a permis à l'opinion nationale et internationale de savoir qu'au Gabon, une recherche scientifique de qualité se fait. En 2009, Éric LEROY, directeur de recherche au CIRMF, a reçu le grand prix Omar Bongo ONDIMBA pour ses travaux sur le virus Ebola. En 2010, le Professeur Peter KREMSNER de l'Université de Tübingen en Allemagne et du CERMEL et le docteur Brice Edgard NGOUNGOU de l'Université des Sciences de la Santé d'Owendo (Gabon) se sont partagés ce prix pour leurs travaux respectifs sur le paludisme et sur le lien entre le neuropaludisme et l'épilepsie. En 2011, le professeur Abderrazak El ALBANI de l'Université de Poitiers et le professeur Philibert NANG de l'Ecole Normale Supérieure de Libreville se sont partagés ce prix pour leurs travaux respectifs sur le fossile dit « Francevillien » baptisé « Gabonionta » et les travaux de mathématiques. En 2012, ce prix a été attribué à quatre lauréats : Hourfil Gabin NTOUGOU ASSOUMOU de l'Ecole Normale Supérieure de Libreville pour ses travaux (et publications) sur les maladies cardiovasculaires ; Joël Fleury DJOBA SIAWAYA du Laboratoire National de Santé Publique du Gabon pour ses travaux (et publications) sur les éléments du système immunitaire comme marqueurs biologiques de la progression des infections TB/VIH et prédicateurs de l'efficacité du traitement anti-tuberculose ; l'Equipe du Groupe d'Etudes Politiques et de Défense de l'Institut de Recherche en Sciences Humaines ses travaux et publications sur l'histoire de l'Assemblée Nationale du Gabon et à l'équipe du le Laboratoire d'Hydrologie et d'Ichtyologie de l'Institut de Recherches Agronomiques et Forestières pour ses travaux sur l'écologie alimentaire des poissons Yara. En 2013, ce prix a été attribué à deux équipes de recherche : le CNDIO pour ses travaux sur l'érosion du littoral gabonais et le CERMEL, pour son candidat vaccin contre le paludisme.

On peut donc dire que par rapport à la mission de promouvoir les structures nationales de recherche, le CENAREST a parfaitement rempli sa part du contrat.

Mission7. Favoriser la formation et la promotion des chercheurs nationaux

Alors qu'à mon entrée en fonction en 2007, le CENAREST comptait à peine deux maîtres de recherche (un en lettres et sciences humaines et l'autre en chimie-biologie) et une petite dizaine de chargés de recherche majoritairement à l'IRSH, nous avons pu inscrire, en six années, deux directeurs de recherche, deux maîtres de recherche supplémentaires et, aujourd'hui, une quarantaine de chargés de recherche.

Même si on est encore très loin de la masse critique des universités, les activités du CENAREST reposent aujourd'hui sur une expertise assez correcte dans la plupart des instituts de recherche. Malheureusement, cette expertise locale n'a pas les mêmes faveurs que les experts-mercenaires étrangers qui écument les fora des différents ministères. Le tableau 5.4 ci-après présente une vue comparative des effectifs des chercheurs par institut en décembre 2008 et en décembre 2013.

Tableau 5.4 : Vue comparative des effectifs des chercheurs par institut en 2008 et en 2013

Instituts	En décembre 2008	En décembre 2013
IPHAMETRA	22	24
IRAF	70	64
IRET	26	41
IRSH	107	132
IRT	25	16
Totaux	**250**	**277**

NB : Ces Chiffres s'appuient sur la liste de la PIR (quatrième trimestre 2008 et 2013).

Tableau 5.5 : Effectifs des chercheurs par grade (en décembre 2008)

	Directeurs de recherche	Maîtres de recherche	Chargés de recherche	Attachés de recherche	Total
IPHAMETRA	0	1	1	20	22
IRAF	0	0	*2	68	70
IRET	0	0	2	24	26
IRSH	0	1	6	100	107
IRT	0	0	0	25	25
Totaux	**0**	**2**	**11**	**237**	**250**

* Maîtres-assistants

Tableau 5.6 : Effectifs des chercheurs par grade (en décembre 2013)

	Directeurs de recherche	Maîtres de recherche	Chargés de recherche	Attachés de recherche	Total
IPHAMETRA	0	1	3	20	24
IRAF	0	2*	1	61	64
IRET	0	1	4	36	41
IRSH	2	2	26	102	132
IRT	0	0	0	16	16
Totaux	**2**	**6**	**34**	**235**	**277**

*Maîtres de conférences.

Mission 8. Faciliter les échanges entre chercheurs dans le cadre d'une coopération scientifique à l'échelon tant national qu'international

Il s'agit, là, d'une action permanente du CENAREST depuis sa création. Mon équipe et moi-même avons, évidemment, poursuivi le travail des prédécesseurs. Il faut dire que dans un contexte national très difficile, voire parfois hostile, je me suis persuadé au fil des années que je trouverais dans les partenariats nationaux et internationaux, les solutions aux problèmes auxquels l'institution est confrontée depuis sa création, notamment le renforcement des capacités et la recherche des financements pour les projets. L'annexe 2 présente les principales conventions et accords de partenariat que j'ai signés au nom du CENAREST d'octobre 2007 à décembre 2012 avec nombre d'institutions de recherche scientifique, des universités et écoles supérieures, des ONG, etc.

Par rapport à la mission de faciliter les échanges entre chercheurs dans le cadre d'une coopération scientifique à l'échelon tant national qu'international, il est absolument évident que le CENAREST a parfaitement réussi son contrat.

Mission 9. Etablir un réseau d'informations scientifiques et technologiques

La promotion de la recherche est une mission fondamentale du CENAREST depuis sa création. Même si au cours des deux premières décennies, l'impact du CENAREST est resté très anecdotique (on y déposait un dossier de demande de recrutement parce qu'on n'avait pas été retenu par l'université), les choses ont évolué de manière significative ces dix dernières années.

En 2007, dès mon entrée en fonction, l'objectif immédiat a été, conformément à cette mission, de trouver des stratégies visant à revaloriser la recherche et les chercheurs du CENAREST. Pour ce faire, nombre nous avons initié plusieurs actions :

- Création d'un cycle de conférences[19] du CENAREST, qui a aussi pour mission de décloisonner le savoir et encourager la recherche scientifique et technologique au Gabon en lui offrant une audience élargie ; créer une dynamique d'échange entre les acteurs de la recherche au Gabon et instaurer un débat d'idées permanent autour des chercheurs et de leurs savoirs, et mettre à la disposition du public national et international, les résultats des travaux des chercheurs du CENAREST et de tout autre structure de recherche.

- Création des Editions du CENAREST pour promouvoir une politique de publication scientifique de haut niveau dans notre pays. Pour ce faire, nous avons signé une convention avec COPY MEDIA, un imprimeur numérique français situé à Mérignac près de Bordeaux. A ce jour, plusieurs ouvrages ont été publiés par des auteurs locaux et étrangers.

- Création de la Revue Scientifique en ligne SCIENCESUD en partenariat avec l'UNESCO. La revue en ligne SCIENCESUD (www.editions.cenarestgabon.org/revues) a été conçue pour amener nos chercheurs à décloisonner leur savoir, tout en valorisant la recherche scientifique et technologique au Gabon, dans la sous-région et dans le reste du monde. Elle offre, de ce fait, aux chercheurs une audience élargie de leurs travaux. En s'inscrivant dans ce cadre, SCIENCESUD se veut être un lieu d'échanges et de rencontres scientifiques reposant sur deux atouts principaux : la pluridisciplinarité et le bilinguisme. A cause de l'essor des sciences et des techniques, à cause de l'impact qu'a aujourd'hui l'information scientifique et technologique, il faut viser un public plus large, donc mettre à la disposition des chercheurs, des universitaires, des décideurs politiques et économiques, etc. un éventail de connaissances très important et plus diversifié. Le chercheur d'aujourd'hui, parce que vivant immergé dans un monde aux savoirs hétérogènes, et dans lequel les difficultés d'intercompréhension se sont accrues avec le cloisonnement culturel et les spécialisations

[19] Il s'agit d'un concept préalablement défini par l'IRSH et que nous avons récupéré dans le cadre global du CENAREST.

techniques (technologiques), a besoin de sources de références pluridisciplinaires. Dans ce sens, SCIENCESUD constitue une sorte de noyau, par excellence, capable de combler l'écart existant entre les connaissances de chacun et celles de communautés scientifiques et culturelles. En somme, l'existence de cette revue s'explique par le besoin pressant d'échanges scientifiques et culturels dont nos chercheurs ont grand besoin. Son objectif et son ambition première résultent de la situation actuelle de l'information scientifique et technologique et de l'état des recherches qui ont cours sur le territoire du Gabon, en particulier, et en CEMAC de manière générale. Parce que SCIENCESUD être un lieu d'échange, il est impératif que cette revue soit le reflet de la dynamique scientifique mondiale dans son acception la plus large. De ce point de vue, SCIENCESUD est une revue multilingue (aujourd'hui, français, anglais, et plus tard, espagnol, portugais, etc.).

- Création d'un moteur de recherche de fonds documentaires numériques entièrement dédié aux informations de la Forêt et de l'Environnement en Afrique Centrale (www.pefac.net) en collaboration avec le FSP FORINFO de la Coopération française. PEFAC est une base de données numériques sur la Forêt et l'Environnement en Afrique Centrale. C'est le fruit d'une collaboration étroite entre le CENAREST et les différents centres de recherche de la sous-région, des ONG, le monde universitaire et la société civile qui ont contribué à la définition des termes de référence du portail et à la constitution de son fonds documentaire, en 2006 sur financement du FSP FORINFO de la Coopération française. Cette impressionnante base de données de plus de 15.000 documents (soit environ près de 369.000.000 de lignes de données) a permis, grâce à son moteur de recherche très performant (www.pefac.net ou encore www.pefac.org), aux étudiants, chercheurs, industriels, ONG travaillant sur la forêt du bassin du Congo de disposer d'une information complète (des documents au format pdf de thèses, articles scientifiques, ouvrages divers, etc.) téléchargeables gratuitement. La base de données PEFAC permet de lancer des recherches très pointues et de retrouver à l'intérieur d'un document de type PDF, les informations recherchées, d'afficher soit l'ensemble du document, soit le paragraphe concerné; faire des recherches par thématiques, par mots clefs. Malheureusement le portail n'a été opérationnel qu'une seule année (plus de 30.000 connexions par semaine), tant que la Coopération française payait les frais d'hébergement et de gestion du site (hébergeur). Depuis lors, toutes nos démarches auprès du gouvernement et des personnalités de premier plan pour solliciter un financement, afin de garantir le maintien du site sont restés sans aucune suite. Comment comprendre que le Gabon ait pu rester insensible vis-à-vis d'une telle innovation ?

Par rapport à la mission d'établir un réseau d'informations scientifiques et technologiques, il est absolument évident, là encore, que le CENAREST a parfaitement réussi son contrat.

5.3. Une absence criarde de financements pour la recherche

La question du financement constitue, comme je l'ai dit plus haut, le principal goulot d'étranglement du CENAREST. Si l'effort du gouvernement a été constant en ce qui concerne le fonctionnement, il n'y a presque pas eu de financement public pour les projets de recherche, et lorsque des crédits ont été inscrits, ils ont été soit totalement anecdotiques, comme en 2008 et 2009, soit fantomatiques, comme en 2010, 2011, 2012 et 2013.

A. Le budget de fonctionnement

- **Le Commissariat général et les directions d'instituts**

Le tableau 5.7 ci-après présente l'évolution du budget de fonctionnement du Commissariat général et des directions d'institut de 2008 à 2013.

Tableau 5.7 : Evolution du budget de fonctionnement des différentes composantes hors laboratoires de recherche des instituts (en FCFA)

	2008	**2009**	**2010**	**2011**	**2012**	**2013**
CG	399.539833	329.243294	347.945694	211.027000	222.027000	222.027000
CST	7.500.000	8.656.000	4.385.960	4.386.000	4.386.000	4.386.000
DAF	8.750.000	13.944.000	7.937.880	7.938.000	9.558.500	10.687.000
Dir. IPHA	8.020.000	16.624.000	11.423.000	61.423.000	61.423.000	67.623.000
Dir. IRAF	7.200.000	6.700.000	4.025.280	54.024.000	54.024.000	54.024.000
Dir. IRET	15.749.345	6.700.000	4.025.280	54.024.000	54.024.000	54.024.000
Dir. ISRH	9.000.000	6.700.000	4.025.280	84.024.000	84.024.000	84.024.000
Dir. IRT	8.525.000	8.938.000	5.123.760	55.372.000	55.372.000	55.372.000

Le tableau 5.7 de l'évolution du budget de fonctionnement du Commissariat général et des directions d'instituts du CENAREST, de 2008 à 2013, appelle quelques remarques. Tout d'abord l'incohérence des crédits alloués, qui ne reposent sur aucune logique objective. De 2008 à 2010, par exemple, les directions d'instituts ont des budgets différents alors qu'ils ont exactement les mêmes besoins et les mêmes postes de dépenses. S'il y a un semblant de cohérence à partir de 2011, il persiste toujours les mêmes aberrations, qui font que la direction de l'IRSH et celle de l'IPHAMETRA se voient dotées de budgets supérieurs aux autres directions d'instituts sans aucune raison apparente. La deuxième remarque concerne la courbe d'évolution de ce budget, qui montre qu'à partir de 2011, le budget des directions des instituts a été multiplié par 5 ou 8 selon les cas, quand celui du Commissariat général perdait, en moyenne environ 30 à 40% par an, jusqu'à atteindre près de 50% en 2013. Dans un contexte où la gestion des finances est totalement décentralisée (le budget de chaque composante est administré par le responsable de la composante), cette réalité a eu pour principale conséquence de décapiter le Commissariat général, qui assume pourtant les dépenses institutionnelles (comme les salaires de la main d'œuvre ou les candidatures des chercheurs aux CTS annuels du CAMES) ; là où le budget de la direction de l'institut ne sert, dans la plupart des cas, que le directeur de l'institut, sans tenir compte des besoins des chercheurs de cet institut. Nombre de chercheurs qui n'ont pas suivi et compris l'évolution du CENAREST à partir de 2006, année de l'introduction d'une agence comptable et d'un contrôle financier (budgétaire)[20], continuent de harceler le Commissaire Général pour demander des aides, appuis et subventions diverses, alors qu'ils doivent normalement s'adresser à leur institut de

[20] De 1976 à 2006, le budget du CENAREST a consisté en une subvention que le Trésor public virait sur un compte dans une banque privée. Le dernier en date était inscrit dans les livres de la BICIG, sous le numéro 09070 078058 000 42 XAF. Il faut ajouter que ce budget était géré exclusivement par le Commissaire Général, qui affectait les montants qu'il voulait aux instituts. A cette belle époque, il n'y avait pas d'Agent comptable autre que celui désigné en interne par le Commissaire Général et il n'y avait pas non plus de Contrôleur budgétaire ou de contrôleur financier. Il suffisait donc au Commissaire Général de signer un chèque au bénéfice d'un usager ou de se présenter au guichet pour avoir l'argent immédiatement ; ce qui n'est plus, hélas, le cas aujourd'hui, puisqu'il arrive qu'une dépense soit liquidée six à huit mois après l'engagement, parfois pour une simple vidange de véhicule de fonction.

rattachement. Dépourvu de moyens, le Commissaire Général se retrouve, ainsi, vilipendé en permanence et accusé de confisquer des budgets qui sont pourtant logés au Trésor Public et dont il n'a aucun pouvoir de récupération. Cette situation malheureuse exacerbe tensions et haines chez de nombreux chercheurs incapables de trouver des financements à l'international comme le font ceux de l'IRET. Dans la majorité des cas, les chercheurs attendent patiemment, depuis des années, les budgets de l'Etat en rejouant continuellement la célèbre scène de la pièce de Samuel Beckett « En attendant Godot[21] ». La situation devient même franchement risible lorsque des directeurs d'instituts, qui arrivent à consommer jusqu'à 90% de leurs crédits à la fin de l'exercice budgétaire, justifient leur mauvaise gestion vis-à-vis des chercheurs en invoquant les supposés blocages des crédits par le Commissaire Général. Ainsi donc, un bouc émissaire est facilement trouvé pour se disculper et justifier certaines carences et incompétences.

- **Les budgets des structures de recherche au sein des instituts**

Les tableaux 5.8 à 5.12qui suivent présentent l'évolution du budget de fonctionnement des structures de recherche au sein des instituts du CENAREST de 2008 à 2013.

[21] ***En attendant Godot*** est une pièce de théâtre en deux actes, en français, écrite en 1948 par Samuel Beckett et publiée en 1952 à Paris aux Éditions de Minuit. Elle s'inscrit dans le courant du théâtre de l'absurde. En résumé, deux vagabonds, Vladimir et Estragon, se retrouvent sur scène, dans un non-lieu (« Route de campagne avec arbre ») à la tombée de la nuit pour attendre « Godot ». Cet homme — qui ne viendra jamais — leur a promis qu'il viendrait au rendez-vous ; sans qu'on sache précisément ce qu'il est censé leur apporter, il représente un espoir de changement. En l'attendant, les deux amis tentent de trouver des occupations, des « distractions » pour que le temps passe.

Tableau 5.8 : Evolution du budget de fonctionnement des structures de recherche de l'IPHAMETRA (en FCFA)

Composantes	**2008**	**2009**	**2010**	**2011**	**2012**	**2013**
Centre théra-peutique	2.200000	4.000000	2.780000	2.780000	2.780000	7.780000
Lab. Phyto-chimie	5.100000	9.000000	6.580.000	6.580000	6.580000	6.580000
Médecine traditionnelle	2.200000	4.000000	2.780000	2.780000	2.780000	7.780000
Arboretum de Sibang	2.400000	4.000000	2.050000	2.000000	2.000000	7.000000
Herbier na-tional	2.100000	3.500.000	1.750000	1.750000	1.750000	7.000000
Total	**14.000000**	**24.500000**	**15.940000**	**15.890000**	**15.890000**	**36.140000**

Tableau 5.9 : Evolution du budget de fonctionnement des structures de recherche de l'IRAF (en FCFA)

Composantes	2008	2009	2010	2011	2012	2013
Lab. sols	3.600000	6.000000	4.300000	4.300000	4.300000	4.800000
Lab. biotechnologie	3.600000	6.000000	4.300000	4.300000	4.300000	4.800000
Lab. Production des végétaux	0	2.500000	1.250000	1.200000	1.250000	5.250000
Lab. Production animale	0	2.500000	1.250000	1.000000	1.250000	5.250000
Lab. Hydrobiologie	0	2.500000	1.250000	1.000000	1.250000	5.250000
Lab. Economie Agricole	0	2.500000	1.250000	1.000000	1.250000	5.250000
Lab. agroforesterie	0	2.500000	1.250000	1.250000	1.250000	5.250000
Menuiserie	2.100000	3.500000	1.750000	1.750000	1.750000	1.750000
Garage	2.100000	3.500000	1.775000	1.750000	1.750000	1.750000
Station Ndouaniang	1.500000	4.500000	2.250000	2.250000	2.250000	5.250000
Total	**12.900000**	**36.000000**	**20.600000**	**19.800000**	**20.600000**	**44.600000**

Tableau 5.10 : Evolution du budget de fonctionnement des structures de recherche de l'IRET (en FCFA)

Composantes	2008	2009	2010	2011	2012	2013
Station d'Ipassa Makokou	10.650000	19.456000	11.378720	11.177000	11.177000	11.177000
Dpt. Biologie et écologie végétale	0	2.000000	1.000000	1.000000	1.000000	1.000000
Dpt. Biologie et écologie animale	0	2.000000	1.000000	1.000000	1.000000	1.000000
Lab. Microbiologie	0	3.000000	1.500000	1.500.000	1.500000	1.500000
Lab. Biologie moléculaire	0	3.000000	1.500000	1.500.000	1.500000	1.500000
Total	**10.650000**	**29.456000**	**16.378720**	**16.177000**	**16.177000**	**16.177000**

Tableau 5.11 : Evolution du budget de fonctionnement des structures de recherche de l'IRSH (en FCFA)

Composantes	2008	2009	2010	2011	2012	2013
Atlas littoral	1.000000	2.500000	1.250000	1.250000	1.250000	1.250000
Salle audio-visuelle	1.000000	2.500000	1.250000	1.250000	1.250000	1.250000
Salle d'analyse de données	1.000000	2.500000	1.250000	1.250000	1.250000	1.250000
Revue	0	2.500000	1.250000	1.250000	1.250000	1.250000
Lab. Histoire politique	0	2.500000	1.250000	1.250000	1.250000	1.250000
Lab. Identité négro.	0	2.500000	1.250000	1.250000	1.250000	1.250000
Lab. Etudes politiques	0	2.500000	1.250000	1.250000	1.250000	1.250000
Lab. Ethique appliquée	0	2.500000	1.250000	1.250000	1.250000	1.250000
Lab. Développement	0	2.500000	1.250000	1.250000	1.250000	1.250000
Lab. Dynamiques sociales	0	2.500000	1.250000	1.250000	1.250000	1.250000
Lab. Ecosystèmes	0	2.500000	1.250000	1.250000	1.250000	1.250000
Lab. Environnement	0	2.500000	1.250000	1.250000	1.250000	1.250000
Lab. Télédétection-SIG	0	2.500000	1.250000	1.250000	1.250000	1.250000
Lab. Communication	0	2.500000	1.250000	1.250000	1.250000	1.250000
Total	**3.000000**	**35.000000**	**17.500000**	**17.500000**	**17.500000**	**17.500000**

Tableau 5.12 : Evolution du budget de fonctionnement des structures de recherche de l'IRT (en FCFA)

Composante/Années	**2008**	**2009**	**2010**	**2011**	**2012**	**2013**
Lab. Arts et manufactures	500.000	2.500000	1.250000	1.250000	1.250000	1.250000
Lab. génie mécanique	750.000	2.500.000	1.250000	1.250000	1.250000	1.250000
Lab. Technologies alimentaires	750.000	2.500.000	1.250000	1.250000	1.250000	1.250000
Total	**2.000.000**	**7.500000**	**3.750000**	**3.750000**	**3.750000**	**3.750000**

L'évolution du budget de fonctionnement des structures de recherche au sein des différents instituts présente une courbe très variable d'une structure à une autre et d'un institut à un autre. Dans tous les cas, il n'y a aucune lisibilité reposant sur une logique cohérente de financement de la recherche scientifique. Les montants indiqués ci-dessus demeurent on ne peut plus dérisoires et totalement incompatibles avec la réalité des faits, qui est que l'essentiel de la recherche se fait dans un laboratoire et non dans une direction d'institut.

B. Le budget d'investissement

Les tableaux 5.13 à 5.18 ci-après présentent l'évolution du budget d'investissement des différentes composantes du CENAREST de 2008 à 2013.

Tableau 5.13 : Budget d'investissement alloué au CENAREST en 2008

Libellés	**CG**	**IPHA**	**IRAF**	**IRET**	**ISRH**	**IRT**
Achat véhicule de fonction	25.000000	0	0	0	0	0
Impression et reprographie	0	0	0	0	0	0
Achat mobilier ameublement	0	0	0	0	0	0
Achat autre équipements	25.000000	0	0	0	0	0
Construction. biens imm.	60.000000	0	0	0	0	0
Projets de recherche	0	30.000000	55.000000	76.000000	30.000000	0
Total	**110.000000**	**30.000000**	**55.000000**	**76.000000**	**30.000000**	**0**
Niveau de consommation	**108.699175**	**25.523000**	**48.870000**	**70.383182**	**25.523000**	**6.000000**

Tableau 5.14 : Budget d'investissement alloué au CENAREST en 2009

Libellés	**CG**	**IPHA**	**IRAF**	**IRET**	**ISRH**	**IRT**
Achat véhicule de fonction	0	0	0	0	0	0
Impression et reprographie	0	0	0	0	0	0
Achat mobilier ameublement	0	0	0	0	0	0
Achat autre équipements	0	0	0	0	0	0
Construction	0	0	0	0	0	0
Projets de recherche	0	0	0	0	0	0
Total	0	0	0	0	0	0
Niveau de consommation	0	0	0	0	0	0

Tableau 5.15 : Budget d'investissement alloué au CENAREST en 2010

Libellés	**CG**	**IPHA**	**IRAF**	**IRET**	**ISRH**	**IRT**
Achat véhicule de service	26.000000	0	0	0	0	0
Impression et reprographie	0	0	0	0	0	0
Achat mobilier ameublement	0	0	0	0	0	0
Achat autre équipements	0	0	0	0	0	0
Construction	0	0	0	0	0	0
Projets de recherche	0	0	0	0	0	0
Total	**26.000000**	**0**	**26.000000**	**0**	**0**	**0**
Niveau de consommation	**26.000000**	**0**	**26.000000**	**0**	**0**	**0**

Tableau 5.16 : Budget d'investissement alloué au CENAREST en 2011

Libellés	**CG**	**IPHA**	**IRAF**	**IRET**	**ISRH**	**IRT**
Achat véhicule de fonction	0	0	0	0	0	0
Impression et reprographie	0	0	0	0	0	0
Achat mobilier ameublement	0	0	0	0	0	0
Achat autre équipements	0	0	0	0	0	0
Construction	0	0	0	0	0	0
Projets de re-cherche	0	0	0	0	0	0
Total	**0**	**0**	**0**	**0**	**0**	**0**
Niveau de consommation	**0**	**0**	**0**	**0**	**0**	**0**

Tableau 5.17 : Budget d'investissement alloué au CENAREST en 2012

Libellés	**CG**	**IPHA**	**IRAF**	**IRET**	**ISRH**	**IRT**
Achat véhicule de fonction	0	0	0	0	0	0
Impression et reprographie	0	0	0	0	0	0
Achat mobilier ameublement	0	0	0	0	0	0
Achat autre équipements	0	0	0	0	0	0
Construction	0	0	0	0	0	0
Projets de re-cherche	0	0	0	0	0	0
Total	**0**	**0**	**0**	**0**	**0**	**0**
Niveau de consommation	**0**	**0**	**0**	**0**	**0**	**0**

Tableau 5.18 : Budget d'investissement alloué au CENAREST en 2013

Libellés	**CG**	**IPHA**	**IRAF**	**IRET**	**ISRH**	**IRT**
Achat véhicule de fonction	100.000000	25.000000	25.000000	25.000000	25.000000	25.000000
Achat véhicules de services	10.000000	0	0	0	0	0
Achat matériel informatique	5.000000	5.000000	0	5.000000	5.000000	5.000000
Achat matériel d'impression et de reprographie	4.000 000	4.000000	4.000000	4.000000	4.000000	4.000000
Achat mobilier et ameuble-ment	0	15.000000	15.000000	15.000000	15.000000	15.000000
Achat d'autres équipements scientifiques	0	28.000000	28.000000	28.000000	28.000000	27.295947
Projet de recherche	0	0	0	0	0	0
Total	**119.000000**	**77.000000**	**72.000000**	**77.000000**	**77.000000**	**76.295947**
Niveau de consommation	**0**	**0**	**0**	**0**	**0**	**0**

Une remarque d'importance s'impose après lecture de ces tableaux récapitulatifs des budgets d'investissement alloués au CENAREST de 2008 à 2013 : le CENAREST n'a pas reçu de l'Etat, le minimum de financement nécessaire ni pour les équipements, ni pour la construction ni pour l'entretien des infrastructures et encore moins pour les activités de recherche (en laboratoire ou sur le terrain). Sur cette base, que peut-on attendre des chercheurs et qu'est-on en droit d'exiger d'eux en termes de performance ?

5.4. Est-il maintenant possible de voir midi a 12 heures ?

Le rapport présenté ci-dessus montre que le CENAREST, en tant qu'institution publique dédiée à la recherche scientifique, est très dynamique et que les attaques dont il fait l'objet de la part ses détracteurs y compris d'ailleurs au sein de l'institution où de plus en plus de chercheurs font dans l'autodérision[22], sont globalement injustes et infondées. Une vue panoramique des activités depuis sa création montre, en effet, une institution véritablement opérationnelle, qui assume courageusement et avec les moyens de bord, ses missions.

La question de l'efficacité de cette institution est donc en réalité plus un problème lié à la place et au rôle de la recherche scientifique au Gabon plutôt qu'à celui de ce lieu commun absolument ridicule consistant à jeter l'opprobre sur les chercheurs et leur institution, qui ne demandent pourtant qu'à participer effectivement au processus de développement du pays.

Sur ce point, tous les experts, y compris les « vénérables » savants venus d'Afrique, d'Europe et du reste du monde pour éclairer nos lanternes et qui sont souvent payés à coups de millions voire de dizaines de millions de Francs CFA, la plupart du temps pour rabâcher des

[22] Un phénomène absolument invraisemblable prend de l'ampleur au Gabon en ce qui concerne les chercheurs. Parce qu'ils entretiennent un complexe d'infériorité inexplicable vis-à-vis des enseignants-chercheurs, ils arborent les grades académiques de ceux-ci : Professeur X, au lieu de Directeur de recherche ; Maître de conférence au lieu de Maître de recherche. D'autres encore vont jusqu'à mentionner dans leurs cartes de visites, qu'ils sont enseignants-chercheurs à l'Université plutôt que chercheurs au CENAREST comme si la profession de chercheur n'était pas valorisante.

évidences connues même par les étudiants les plus mauvais de nos universités, en sont presque toujours arrivés à la même conclusion que tous les enseignants-chercheurs et les chercheurs du Gabon y compris leurs syndicats respectifs, qui répètent inlassablement depuis des décennies que le Gabon n'a pas défini de véritable politique de la recherche – plus globalement de politique de la science et la technologie – et qu'il s'agit, là, du cœur du problème de la recherche scientifique dans notre pays.

Peut-être que si la loi 22/2000 déterminant les principes fondamentaux de la recherche scientifique en République gabonaise avait été complétée par des décrets d'application, notamment en ce qui concerne la programmation et le financement, les choses se seraient mieux passées. On le sait, si les activités de recherche se déroulent tant bien que mal au sein des différents instituts, et si plusieurs chercheurs ont évolué en grades aux différents CTS du CAMES notamment de 2008 à aujourd'hui, cela résulte beaucoup plus d'efforts personnels plutôt que d'une véritable dynamique institutionnelle, elle-même fondée sur une politique nationale de recherche scientifique.

A partir du moment où les choses vont être clarifiées en amont et sur la base d'une vision et d'une ambition avec des objectifs scientifiques et technologiques très précis, dans le cadre d'une stratégie nationale de la recherche scientifique que tous les acteurs de la recherche attendent désespérément depuis tant d'années, il est évident que la question de l'organisation et celle de la mise en œuvre de la recherche scientifique, et plus largement de la science et de la technologie au Gabon, vont couler de source.

Sur la base d'un véritable projet à long terme de science et de technologie plutôt que sur une vision réductrice à court terme, on pourra alors, plus que cela n'a été fait auparavant, impliquer les acteurs concernés pour discuter du projet. Lorsque je parle des « acteurs » de la recherche au Gabon, il faut comprendre tous les acteurs au sein de tous les ministères et toutes les entreprises susceptibles d'avoir des activités de recherche scientifique, et plus globalement de science et de technologie. La recherche scientifique, faut-il le redire très fortement, est un secteur transversal. Ainsi, sur le modèle du Forum National de l'Industrie (tenu à Libreville en mai 2013), sera posée, sans passion, sans concession et dans le seul intérêt du pays, la question de la recherche scientifique et plus globalement celle de la science et de la technologie dans le processus de développement du pays. En conséquence, et c'est une autre évidence, il sera plus aisé de discuter des moyens financiers à mobiliser pour atteindre les objectifs fixés et des outils de mise en œuvre de la politique scientifique et technologique du Gabon au moins pour les dix prochaines années (les annexes 5 et 6 proposent un projet de loi d'orientation et de programmation de la recherche scientifique au Gabon de 2015 à 2025 et un projet de décret pour la création d'une agence nationale de la recherche).

On pourra alors – et c'est une certitude – poser objectivement et sereinement la question de l'existence ou non du CENAREST dans un véritable dispositif national de recherche scientifique à créer au Gabon. Encore une fois, cette question de la stratégie nationale de recherche scientifique et plus globalement de la science et de la technologie au Gabon ne sera réglée qu'à l'issue d'une grande messe réunissant tous les acteurs concernés au sein de tous les ministères et de toutes les entreprises qui ont ou qui sont susceptibles d'avoir des activités de recherche scientifique ou de profiter des résultats de la recherche scientifique.

Ces quatre dernières années, on nous a habitués à subir l'humiliation d'experts venus d'Afrique et du monde, payés à gros sous et voyageant en classe business, la plupart du temps pour nous expliquer les évidences les plus simples, sur notre date de naissance, sur notre identité et sur notre métier. En ce qui concerne la recherche scientifique, le résultat d'une telle démarche de reniement de l'expertise locale, c'est la cacophonie qui règne dans un secteur pourtant essentiel à la mise en œuvre du projet de développement du pays.

Pour ma part, j'ai l'intime conviction que l'une des conclusions fortes de cette messe sera de conserver le Centre National de la Recherche Scientifique et Technologique, avec la mission de coordonner l'activité des centres ou instituts de recherche et de valoriser les résultats de la recherche scientifique nationale. Le CENAREST ferait ainsi le lien avec l'Agence nationale de la recherche (une structure de financement), les opérateurs de recherche, les organismes comme l'OMPI ou l'OAPI et le secteur industriel.

Si, en effet, le Gabon veut se positionner dans la compétitivité mondiale, il doit disposer d'un établissement public qui va se charger de l'exploitation commerciale des résultats de la recherche scientifique, notamment les brevets. Dans ce sens, une loi de clarification de la propriété des résultats de recherche entre l'Etat, les opérateurs de recherche et les chercheurs eux-mêmes doit être prise. Le dispositif de recherche scientifique qui sera alors défini devra intégrer le principe du couplage des laboratoires de recherche, des incubateurs et des pépinières d'entreprises. On peut aussi se laisser aller à rêver de la création d'une banque de développement des PME pour soutenir l'activité de valorisation des résultats de la recherche scientifique au Gabon.

6

DISCUSSION ET CONCLUSION

En publiant cet ouvrage, je n'ai aucune prétention d'apporter la lumière dans la caverne, tant il est évident que tout l'argumentaire développé ici est su et connu de tous, les professionnels de la recherche comme les décideurs politiques. L'objectif de ce livre est tout simplement de contribuer à construire, au Gabon, une véritable politique scientifique et technologique conforme aux ambitions de développement du pays, tel que précisé dans le Plan Stratégique Gabon Emergent.

Dans ce dernier chapitre, je discute quelques points que je considère comme essentiels, notamment, la nécessité d'une réforme juste et efficiente du secteur de la recherche scientifique au Gabon, la question du maintien ou non d'un centre national de la recherche scientifique et l'impérieuse nécessité pour les décideurs politiques de comprendre, une fois pour toutes, que le développement du Gabon ne saurait se réaliser en marge de la recherche scientifique et, plus globalement, de la science, la technologie et l'innovation.

6.1. Necessite d'une reforme plus juste et efficiente du secteur de la recherche scientifique au Gabon

Une réforme est, par définition, un changement apporté à quelque chose, en particulier à une institution et visant à améliorer son fonctionnement. Partant de l'image peu reluisante de la recherche scientifique gabonaise à la fois vis-à-vis de l'opinion, des gouvernants, des organismes internationaux y compris de la Banque Mondiale dont le rapport sur l'impact de la recherche scientifique gabonaise est accablant, il y a nécessité de réformer le secteur, et tout le monde est unanime sur ce fait.

Mais, quelle réforme et pour quoi faire ? Telle est la principale question qui fait débat depuis bientôt une dizaine d'années dans l'univers de l'enseignement supérieur et la recherche scientifique au Gabon. J'ai expliqué plus haut que le Gabon n'avait pas besoin et n'a même pas les moyens de « calquer » tel quel le modèle américain de la recherche, ni celui de la France, encore moins celui de la Chine ou, plus près de nous, celui de l'Afrique du Sud. Il s'agit simplement de construire, à partir des leçons tirées des autres pays qui ont réussi dans ce domaine, une ingénierie gabonaise compatible avec notre ambition.

On sait, depuis toujours, que le principal mal gabonais, et c'est valable pour tous les autres secteurs, c'est de ne pas toujours mettre en œuvre les belles décisions prises à l'issue des grands séminaires et fora organisés ici et là, en dépit des moyens colossaux qui sont dépensés. Si la loi 22/2000 qui donne au CENAREST la plénitude de la mission de recherche avait été effectivement suivie d'effet, si le CENAREST avait disposé de véritables moyens pour assumer ses missions et si les unités de recherche des universités avaient disposé, elles-aussi, de moyens conséquents, il est évident que la recherche scientifique gabonaise aurait fait un grand bond en avant, et le développement du pays en aurait été dopé.

Pour être pertinente et efficiente, la réforme du secteur de la recherche scientifique gabonaise doit passer nécessairement par une véritable implication des acteurs de la recherche y compris tous les ministères et toutes les entreprises qui ont ou qui sont susceptibles d'avoir des activités de recherche pour définir, ensemble, les programmes et les moyens.

6.2. Pourquoi l'emergence annoncee du Gabon ne peut pas se faire sans une reelle implication de la recherche scientifique et de la technologie ?

Encore une fois, il est urgent que ceux qui décident de l'avenir du Gabon intègrent le fait que la recherche scientifique est un secteur essentiel et que la stratégie de développement du pays doit reposer principalement sur la science et la technologie. Tous les pays émergents et tous les pays développés d'aujourd'hui ont apporté la preuve de cette « vérité biblique ». Le modèle de la Chine, qui a fondé toute sa stratégie de développement sur l'éducation, la science et la technologie, est riche d'enseignements. Il est donc urgent que les dirigeants d'aujourd'hui se souviennent qu'à l'instar des autres pays africains membres de l'UA présents au Sommet d'Addis-Abeba en janvier 2007, le Gabon s'était engagé à consacrer davantage de ressources au développement de la science et de la technologie, domaine vital pour le développement économique. Lors de ce sommet, en effet, les chefs d'État ont "instamment demandé" à tous les pays de l'UA de consacrer, d'ici à 2020, au moins 1 % de leur produit intérieur brut à la recherche et au développement. Ils se sont aussi engagés à revitaliser les universités africaines - dont un grand nombre ont périclité suite au tarissement, au cours des dernières décennies, du soutien dont elles jouissaient - et à promouvoir l'étude de la science et de la technologie chez les jeunes. Ces mêmes dirigeants ont défini un Plan d'action consolidé de l'Afrique dans le domaine de la science et de la technologie. Ce plan a été lancé en 2005 par l'UA et le secrétariat du Nouveau partenariat pour le développement de l'Afrique (NEPAD). Il a pour objet de développer un système africain de recherche et d'innovation technologiques afin de soutenir les programmes de l'UA et du NEPAD dans des domaines comme l'agriculture, l'environnement, les infrastructures, l'industrie et l'éducation.

6.3. Necessite de renforcer la dynamique sous-regionale

Un programme national de recherche scientifique au Gabon se doit de tenir compte de la dimension sous-régionale, dans le cadre de la CEMAC (Communauté Economique et Monétaire de l'Afrique Centrale) qui regroupe le Cameroun, la Centrafrique, le Congo, la Gabon, la Guinée Equatoriale et le Tchad. En effet, malgré le fait que l'espace CEMAC est caractérisé aujourd'hui par des confrontations et contradictions invraisemblables entre les États, il est évident que les stratégies de développement dans les six pays doivent se concevoir de manière concertée. En ce qui concerne spécifiquement la recherche scientifique comme d'ailleurs l'enseignement supérieur, l'objectif recherché est la libre circulation et l'utilisation mutualisée des ressources humaines et des moyens. De toute évidence, il y a tout lieu de relancer et de redynamiser les activités de la CRUROR/AC qui avaient permis d'asseoir les premières applications de l'espace CEMAC d'enseignement supérieur et de recherche scientifique.

6.4. EN DEFINITIVE

Dans cet ouvrage, j'ai voulu apporter, sur la base de mon expérience de Commissaire Général du Centre National de la Recherche Scientifique du Gabon pendant sept longues années, une contribution pour aider à définir et mettre en œuvre une véritable politique de recherche scientifique au Gabon. En m'inspirant de modèles de pays développés et de pays émergents parmi les plus cités, j'ai proposé un dispositif qui me semble correspondre au contexte spécifique du Gabon.

Il me plaît, au moment de mettre un point final à ce texte, de rappeler quelques-unes des actions urgentes que le Gouvernement devrait, s'il veut passer des discours à l'acte en ce qui concerne la recherche scientifique, impérativement mettre en œuvre.

La toute première action concerne la **réaffirmation des missions de la recherche publique**. La recherche scientifique possède sa logique propre, qui implique un principe d'autonomie, garant de la cohérence et de la rationalité de cette activité. Elle doit être soumise à une évaluation rigoureuse. La diffusion des connaissances scientifiques par les scientifiques, en partenariat avec le système éducatif, les institutions culturelles, les média et les institutions politiques, entretient un lien indispensable entre recherche et société. La formation à et par la recherche constitue, de ce fait, un élément essentiel pour promouvoir l'importance culturelle, sociale et économique de la recherche. La valorisation des connaissances scientifiques dans les domaines sociaux et économiques est une mission qui doit reposer sur des partenariats équilibrés entre l'Etat, les entreprises privées et les opérateurs de recherche.

La deuxième action concerne la **nécessité de doter la recherche scientifique nationale de moyens suffisants pour l'accomplissement de l'ensemble de ses missions au service du développement du pays**. Pour que ces missions puissent être menées à bien et pour que les propositions que j'ai formulées ici aboutissent, il faut affecter de façon soutenue des moyens importants à la recherche publique. Une dotation régulière d'un fonds national de la recherche scientifique d'au moins 5 à 10 milliards de Francs CFA chaque année, constitue un minimum pour garantir une recherche diversifiée et de qualité dans les secteurs définis comme des priorités dans le projet de société du Président de la République. La programmation pluriannuelle du budget et de son utilisation et la résorption de la précarité des chercheurs sont des priorités absolues, si l'on veut construire, au Gabon, un appareil national de recherche véritablement utile au développement du pays. La connaissance scientifique doit être reconnue comme un bien public au niveau national.

La troisième action concerne la **mise en place de structures permettant le développement d'une politique de recherche prioritaire**. Il ne peut y avoir de recherche scientifique forte au Gabon sans volonté politique affirmée. Il s'agit donc de mettre en place une organisation susceptible de renforcer l'impact de la recherche scientifique sur la croissance économique du pays. Dans cette perspective, une instance comme le CNEFOR prévue dans la Loi d'orientation, censée être présidée par le Chef de l'Etat, devra prendre les grandes décisions en rapport avec la recherche scientifique (même si, de toute évidence, je doute fort qu'une telle structure soit opérationnelle et viable). Pour ce faire, cette instance devra associer une majorité de scientifiques et des représentants de la société civile. Encore une fois, pour être utile, elle doit être un outil essentiel pour permettre à la communauté nationale de peser sur les grandes orientations scientifiques et pour que ses choix soient correctement traduits en termes de modalités d'orientation et de financement de la recherche. A côté du CNEFOR, on peut imaginer la création d'une autre instance beaucoup plus opérationnelle, une sorte de Commission nationale d'évaluation des Opérateurs de Recherche scientifique, qui aurait pour missions d'effectuer un audit régulier de la politique scientifique des opérateurs de recherche et de veiller à la qualité de l'évaluation et de la prise en compte de ses conclusions par les opérateurs. A défaut de créer une nouvelle structure, cette mission peut être confiée au CSAQ (Conseil Scientifique d'Assurance Qualité) prévu dans la Loi d'orientation. Ces deux institutions devront garantir la coordination entre le dispositif de national recherche et l'espace CEMAC de la recherche scientifique, d'une part, et la dynamique internationale de la recherche, d'autre part.

La quatrième action consiste à **renforcer les établissements d'enseignement supérieur et de recherche et à favoriser leur coordination**. On sait qu'aujourd'hui, un pan important de la recherche scientifique gabonaise est réalisé au sein des universités, en s'appuyant sur les laboratoires de recherche. Il s'agit donc d'améliorer la coopération entre les organismes de recherche pour développer un espace scientifique national cohérent. On le sait aussi, les universités ont vocation à jouer un rôle très important dans le dispositif de recherche, au moins par rapport à la mise en œuvre de la réforme LMD. Il est donc absolument nécessaire de leur donner plus de moyens afin qu'elles engagent rapidement une réforme profonde de leur fonctionnement à différents niveaux (structures de décision, évaluation, etc.).

La cinquième action concerne la **mise en œuvre de la dimension territoriale de la recherche scientifique**. Définir clairement une politique gabonaise de recherche scientifique, c'est mettre en œuvre la dimension territoriale de la recherche au travers de la création de Pôles de Recherche et d'Enseignement dans chacune des provinces du pays, en commençant évidemment par celles qui disposent d'une université, pour associer localement les différents partenaires de l'enseignement supérieur et de la recherche tant publique et privée. Dans une telle perspective, on peut imaginer la création dans chaque province comme dans chaque parc national, d'un grand centre de recherche multidisciplinaire alliant recherche scientifique et enseignement supérieur. Ainsi, à Makokou par exemple, un grand institut de recherche dédié à la foresterie, à l'écologie, l'environnement et aux changements climatiques serait construit sur les bases de l'actuelle station d'IPASSA de l'IRET. A Port-Gentil ou dans un autre lieu de l'Ogooué-Maritime, un institut d'Océanographie et des Sciences marines serait créé. Au nord, dans la province du Woleu-Ntem, serait créé un grand institut de recherche dédié à la sécurité alimentaire et aux agro-industries ; à Lambaréné ou sur un autre lieu de la province du Moyen-Ogooué, serait construit un grand institut de recherche dédié à la santé humaine et animale, etc. Tous ces grands instituts travailleront en synergie dans le dispositif national de recherche.

La sixième action concerne la **construction d'une dynamique propre de la recherche au centre de la politique scientifique nationale à définir**. Un ensemble de mesures vise à amplifier, dans le cadre d'une politique scientifique nationale, la dynamique propre de la recherche. Cela requiert l'évaluation rigoureuse de la qualité des recherches et l'allègement de contraintes actuellement très pénalisantes comme la lourdeur des mécanismes d'exécution budgétaire dans des établissements pourtant estampillés « en autonomie financière ». Il s'agit là, d'un handicap majeur dans l'exercice quotidien de la recherche. Sur la base de mon expérience d'ordonnateur des budgets du CENAREST, je proposerais un contrôle budgétaire *a posteriori* plutôt qu'*a priori*, une *gestion totalement autonomes* des instituts, centres et laboratoires de recherche à partir d'un logiciel de gestion commun à tous les établissements, l'*allègement de la procédure des marchés* surtout en ce qui concerne les budgets dédiés aux projets de recherche. Comme je l'ai dit plus haut, ces budgets ne sont généralement disponibles que tardivement, lorsqu'ils arrivent. Dans cette perspective, le niveau du financement par l'Agence Nationale de la Recherche sera déterminé sur la base d'une évaluation rigoureuse du projet scientifique global de la structure, de ceux des équipes qui la composent ainsi que des moyens nécessaires à leurs réalisations à chaque étape du processus. En particulier, la cohérence entre l'attribution des crédits et le potentiel humain sera assurée dans chaque laboratoire, institut ou centre de recherche. On en arriverait alors, et c'est une évidence, à l'évaluation des recherches mises en œuvre dans le pays au niveau national. Cette évaluation orchestrée par l'ANR devra faire appel à des experts nationaux et internationaux. Une accréditation des procédures d'évaluation devra garantir une évaluation collégiale, contradictoire et indépendante, donc plus objective.

La septième action concerne la **réaffirmation du rôle central des personnels de la recherche dans le dispositif national**.

Un ensemble de mesures vise à garantir la vitalité et la pérennité de notre système de recherche en augmentant l'attractivité des métiers de la recherche, en améliorant le système d'évaluation et en introduisant une souplesse qui ne passe pas par la précarité. Le renouvellement et le développement du dispositif de recherche publique, nécessaire à l'accomplissement des missions qui lui sont dévolues, passe par la mise en place d'un plan pluriannuel pour l'emploi scientifique avec des carrières attractives, tant dans les conditions d'exercice du métier que dans leur déroulement. Cela permettra d'attirer les jeunes, en augmentant l'emploi dans le secteur de la recherche publique. Je l'ai dit plus haut, la préparation d'une thèse devrait, dans cette perspective, avoir comme cadre le statut de premier emploi, en généralisant le financement par l'ANR et en éliminant progressivement les financements précaires. La possibilité d'effectuer un monitorat doit être largement développée. Un accompagnement amélioré de l'école doctorale et la diversification des débouchés permettront de donner des perspectives d'emploi à la hauteur de la qualification des docteurs et de faire bénéficier des secteurs plus larges de la société de cette formation de haut niveau. Pour aménager la période entre thèse et recrutement et réduire la précarité actuelle des diplômés qui, pour être intégrés à la Fonction Publique, attendent parfois plusieurs années, il est plus que jamais nécessaire de transformer les dispositifs actuels (qui sont obsolètes dans le cas des textes régissant les chercheurs), en définissant un statut de "chercheur » ou de « chercheur associé", reconnu et rémunéré par chaque institution et centre de recherche sans qu'il ne s'agisse nécessairement de fonctionnaires. Le nombre de ces postes devra impérativement être limité pour éviter la création d'un nouveau volant de personnel ayant un emploi temporaire. Le recrutement de chercheurs et d'enseignants-chercheurs (sur des postes budgétaires de la Fonction publique) devra être effectué majoritairement dans les six ans après le début de la thèse et après une première inscription au CAMES (« maître-assistant » pour les enseignants et « chargé de recherche » pour les chercheurs) afin qu'ils intègrent pleinement le corps. Il est important de reconnaître la complémentarité des métiers de chercheurs, enseignants-chercheurs et ingénieurs, tout en favorisant largement les passerelles entre ces différents métiers. Les conditions permettant aux enseignants-chercheurs de faire de la recherche devraient être significativement améliorées. Un effort particulier devrait être fait pour les décharges d'enseignement des jeunes maîtres de conférences. Des mécanismes de réduction modulée du service pédagogique, propres aux universités, ou de détachement des enseignants chercheurs dans les organismes, permettront d'atteindre cet objectif. Pour cela, sera prise en compte l'évaluation de l'activité de recherche par une instance nationale indépendante. Par ailleurs, les enseignants-chercheurs devraient bénéficier au cours de leur carrière de la possibilité de rééquilibrer leurs diverses missions (enseignement, recherche, encadrement pédagogique, administration). Ces dispositions imposent une augmentation significative du nombre d'enseignants-chercheurs et donc un effort budgétaire important mais indispensable et réaliste. Des dispositifs de suivi et d'accompagnement de tous les personnels de la recherche doivent être mis en place pour améliorer le suivi de leurs parcours professionnels. Ils permettront, en outre, d'encourager la mobilité des personnels de toutes les catégories au sein du dispositif national d'enseignement supérieur et de recherche scientifique.

BIBLIOGRAPHIE

1. Textes généraux

AVRIL, Sandrine ; Isabelle CLAUSS ; Valérie DEVAUX ; Cécilia FABRY et TRAMONTI, Alain. 2006. « L'organisation de la recherche scientifique publique en France et à l'étranger ».

BELL, Stéphane. 2008. *La recherche scientifique et le développement en Afrique : idées nomades*. Paris, Karthala.

BIMBOT, René et Isabelle MARTELLY. 2009. « La recherche fondamentale, source de tout progrès », *La revue pour l'histoire du CNRS* [En ligne], 24 | 2009, mis en ligne le 05 octobre 2009, consulté le 06 juin 2011. URL : http://histoire-cnrs.revues.org/9141.

CLAIRET, Sophie. 2011. Richesse technologique et scientifique, *Diplomatie* hors-série n°14 « Atlas géostratégique ».

ESLAMI, M. 1968. Recherche scientifique et pays en voie de développement. *Tiers-Monde*, Volume 9, N° 33 (pp. 161-174)

FREEMAN, C. (dir. pub). 1987. *Output Measurement in Science and Technology: Essays in Honor of Yvan Fabian,* Elsevier Science Publishers B.V., Amsterdam.

FREEMAN, C. et A. YOUNG. 1965. *L'effort de recherche et de développement en Europe occidentale, Amérique du Nord et Union soviétique : essai de comparaison internationale des dépenses et des effectifs consacrés à la recherche en 1962*, OCDE, Paris.

GAILLARD, Jacques et Roland WAAST. 1999. La recherche scientifique en Afrique. *Afrique contemporaine* (La Documentation française) N° 148, pp. 3-30.

GRUMBACH, Stéphane. 2009. Chine : les inventions qui ont changé le monde. Interview réalisée par Jean-François Mondot et publiée dans *Les Cahiers de Science et Vie* «La Chine s'invente une nouvelle tradition scientifique », 113, octobre-novembre 2009.

GUÉNEC, Nadège. *La stratégie chinoise de la recherche scientifique*. Document pdf publié en ligne. URL : www.bulletins-electroniques.com.

IDIATA, Daniel Franck ; Jean-Paul GONZALEZ et OBIANG Ludovic (Éds.). 2010. *Cinquante ans de recherche scientifique au Gabon*. Vol. 1, 2 & 3. Libreville, Les Editions du CENAREST.

OCDE. 2002. *Manuel de Frascati : Méthode type proposée pour les enquêtes sur la recherche et le développement expérimental*. Editions OCDE.

OCDE/Eurostat. 1997. *Principes directeurs proposés pour le recueil et l'interprétation des données sur l'innovation technologique : Manuel d'Oslo*, Série «Mesure des activités scientifiques et techniques », Editions OCDE Paris.

OKUBO, Y. 1997. « Indicateurs bibliométriques et analyse des systèmes de recherche : méthodes et exemples », OCDE, document de travail DSTI 1997/1, Paris.
Publication en ligne URL :
http://lara.inist.fr/bitstream/handle/2332/1174/INIST_OrganisationRecherche_juin06.pdf

UNESCO. 1977. « Classification Internationale Type de l'Éducation (CITE) », COM/ST/ISCED, Paris.

UNESCO. 1978. « Recommandation concernant la normalisation internationale des statistiques relatives à la science et à la technologie », Paris, novembre.

UNESCO. 1984a. « Guide des statistiques relatives à la science et à la technologie », rév. 1, ST-84/WS/19, Paris.

UNESCO. 1984b. « Manuel pour les statistiques relatives aux activités scientifiques et technologiques » ST-84/WS/12, Paris.

UNESCO. 1984c. « Guide des statistiques relatives à l'information et à la documentation scientifique et technique (IDST) (version provisoire) », ST-84/WS/18, Paris.

UNESCO. 2010. *Rapport de l'UNESCO sur la Science 2010 : l'état actuel de la science dans le monde*, éd. UNESCO.

Le rapport intégral est consultable en ligne dans sa version anglaise : http://tinyurl.com/DiploHS14-2.

VOSE, P. B. et A. CERVELLINI. Les problèmes de la recherche scientifique dans les pays en développement. *AIEA Bulletin V 25*, N°2. Document pdf disponible en lignc. URL :http://www.iaea.org/Publications/Magazines/Bulletin/Bull252/French/25205383740_fr.pdf.

2. Quelques-unes des revues scientifiques produites et publiées au Gabon

ALAC (Afrique, Langues et Cultures), revue scientifique internationale publiée par la Chaire UNESCO Interculturalité de l'Université Omar Bongo.

Annales de l'Université Omar Bongo, publiée par le Décanat de la Faculté des Lettres et Sciences Humaines.

Bulletin Médical d'Owendo, publié par la Faculté de Médecine et des Sciences de la Santé.

Cahiers Gabonais d'Anthropologie, publiée par le LABAN.

Exchorésis, publiée par le département de philosophie.

Gabonica, publiée par le CERGEP.

Humanitas, publiée par l'Ecole Normale Supérieure.

Iboogha, publiée par l'Ecole Normale Supérieure.

Itinéris Plus, publiée par le CENAREST.

Normatech, publiée par l'Ecole Normale Supérieure d'Enseignement Technique.

Psychologie et Culture, publiée par le Centre de Recherche en Psychologie.

Revue Africaine d'Etudes Francophones, publiée par l'Ecole Normale Supérieure.

Revue d'étude et d'analyse francophones, publiée par la Chaire UNESCO Interculturalité de l'Université Omar Bongo.

Revue de l'IRSH, publiée par l'Institut de Recherche en Sciences Humaines et Sociales.

Revue du CERDIP, publiée par le CERDIP (FDSE).

Revue du LEA, publiée par le Laboratoire d'Economie Appliquée.

Revue Gabonaise des Sciences de l'Homme, publiée par le Laboratoire Universitaire de la Tradition Orale.
Revue Gabonaise des Sciences du Langage, publiée par le Groupe de Recherche en Langues et Cultures Orales.
ScienceSud, revue en ligne publiée par le CENAREST.

ANNEXES

ANNEXE 1

LISTE DES PRINCIPAUX LABORATOIRES DE RECHERCHE DANS LES UNIVERSITES, ECOLES SUPERIEURES ET CENTRES DE RECHERCHE DU GABON

SIGLES	DEFINITIONS	RATTACHEMENT
	Laboratoire de Recherche sur l'Ethique Appliquée	IRSH/CENAREST
AGECI	Atelier de Génie Civil	ENSET
AS	Arboretum de Sibang	IPHAMETRA/ CENAREST
CERAFIA	Centre de Recherches Afro-Ibéro-Américaines	FLSH/UOB
CERDIMO	Centre d'Etudes et de Recherches en Développement International et en Management des organisations	FDSE/UOB
CERDIP	Centre d'Etudes et de recherches en Droit et Institutions Politiques	FDSE/UOB
CEREM	Centre de Recherche en Management	INSG
CERGEP	Centre d'Etudes en Géosciences Politiques	FLSH/UOB
CERMA	Centre d'Etudes et de Recherche du Monde Anglophone	FLSH/UOB
CERP	Centre d'Etudes et de Recherches en Philosophie	FLSH/UOB
CIAM	Centre d'Introduction et d'Amélioration du Matériel végétal	Ministère chargé de l'Agriculture
CP	Centre de Primatologie	CIRMF
CRAAL	Centre de recherches Appliquées et Arts et aux Langues	ENS
CRAHI	Centre de Recherches Afro-Hispaniques	FLSH/UOB
CREDUF	Centre de Recherche, d'Etudes et de Diffusion francophone	FLSH/UOB
CREHA	Centre de Recherches et d'Etudes en Histoire et Archéologie	FLSH/UOB

CRELAF	Centre de Recherche en Esthétiques Langagières Africaines	FLSH/UOB
CRELL	Centre de Recherches et d'Etudes sur le Langage et les Langues	FLSH/UOB
CREP	Centre d'Etudes et de Recherche en Psychologie	FLSH/UOB
CTT	Centre de Thérapeutique Traditionnelle	IPHAMETRA/ CENAREST
CV	Complexe Vétérinaire	CIRMF
GERC	Groupe de Recherche en Communication	IRSH/CENAREST
GREDES	Groupe de Recherche sur l'Environnement et le Développement des Sociétés	IRSH/CENAREST
GREH	Groupe de Recherche sur les Ecosystèmes Humides et Marins/Laboratoire de Gestion des Risques et des Espaces Humides	IRSH/CENAREST
GRELACO	Groupe de Recherches en Langues et Cultures Orales	FLSH/UOB
GREPOD	Groupe de Recherche en Etudes Politiques et de Défense	IRSH/CENAREST
GRESHS	Groupe de Recherche en Sciences Humaines et Sociales	ENS
GRILNA	Groupe de Recherche sur l'Identité Négro-Africaine	IRSH/CENAREST
HN	Herbier National	IPHAMETRA/ CENAREST
ICAD	Institut Cheik Anta Diop	FLSH/UOB
L3M	Laboratoire de Mécanique et de Modélisation des Matériaux	FDS/USTM
LA	Laboratoire d'Agroforesterie	IRAF/CENAREST
LA	Laboratoire d'Anatomie	FMSS/USS
LABAN	Laboratoire d'Anthropologie	FLSH/UOB
LABAT	Laboratoire d'Aide en Techniques quantitatives	FDSE/UOB

LABAT	Laboratoire du Bâtiment	Ministère des Travaux Publics
LACP	Laboratoire d'Anatomie et Cytologie Pathologiques	FMSS/USS
LAGRAC	Laboratoire de Géographie et de Cartographie	FLSH/UOB
LAM	Laboratoire d'analyses médicales	CIRMF
LAM	Laboratoire des Mines	Ministère de l'Industrie et des Mines
LAM	Laboratoire d'Analyses Médicales	CHU de Libreville (CHUL)
LANA	Laboratoire National d'Archéologie	FLSH/UOB
LANASPET	Laboratoire d'Analyse Spatiale et des Environnements Tropicaux	FLSH/UOB
LAPLUS	Laboratoire Pluridisciplinaire des Sciences	ENS
LAPROSAN	Laboratoire de Production et de Santé Animales	USTM
LARED	Laboratoire de Recherche en Education	ENS
LAREDYS	Laboratoire de Recherche sur les Dynamiques Sociales	IRSH/CENAREST
LAREMA	Laboratoire de Recherche en Mathématiques et Applications	ENS
LAREPT	Laboratoire de Recherche en Enseignement Technologique et Professionnel	ENSET
LARIBMO	Laboratoire de Recherches en Immunologie et la Biologie Moléculaire	CERMEL
LARTESIG	Laboratoire de Recherche en Télédétection-SIG	IRSH/CENAREST

LARTESY	Laboratoire de Recherche en Technologies des Systèmes	ENSET
LAS	Laboratoire d'Analyse des Sols (LAS)	USTM
LASCIDYL	Laboratoire de Sciences de l'Homme et de la Dynamique du Langage	ENS
LASCIVIT	Laboratoire des Sciences de la Vie et de la Terre	ENS
LASNSOM	Laboratoire de Substances Naturelles et Synthèse Organométallique	USTM
LB	Laboratoire de Biochimie	USTM
LBBPV	Laboratoire de Biodiversité, Biologie et Physiologie Végétales	USTM
LBi	Laboratoire de Biochimie	FMSS/USS
LBM	Laboratoire de Biologie Moléculaire	IRET/CENAREST
LBV	Laboratoire de Bactériologie-Virologie	FMSS/USS
LC	Laboratoire Clinique (pour le diagnostic et les analyses médicales).	CERMEL
LCM	Laboratoire de Chimie des Matériaux	USTM
LEA	Laboratoire d'Economie Appliquée	FDSE/UOB
LEAF	Laboratoire d'Economie Agricole et Forestière	IRAF/CENAREST
LGIGP	Laboratoire de Géochimie Isotopique, Géochronologie et Pétrologie	FDS/USTM
LH	Laboratoire d'Hydrologie	IRAF/CENAREST
LM	Laboratoire de Microbiologie	IRET/CENAREST
LM	Laboratoire de Microbiologie	CERMEL
LMT	Laboratoire de Médecine Traditionnelle	IPHAMETRA/ CENAREST

LOLA	Laboratoire d'Optique, Lasers et Applications	USTM
LP	Laboratoire de Phytopathologie (LP)	USTM
LPA	Laboratoire de Parasitologie	CERMEL
LPH	Laboratoire de Pharmacologie	FMSS/USS
LP+	Laboratoire de très haute sécurité de type P3+	CIRMF
LP3	Laboratoire de saute sécurité de type P3	CIRMF
LPA	Laboratoire de Production Animale	IRAF/CENAREST
LPA	Laboratoire de Physiologie Animale	USTM
LPM	Laboratoire de Parasitologie-Mycologie	FMSS/USS
LPP	Laboratoire de Phytochimie et de Pharmacologie	IPHAMETRA/ CENAREST
LPV	Laboratoire de Production des Végétaux	IRAF/CENAREST
LQP	Laboratoire de la Qualité des Produits	Ministère chargé de la Consommation
LS	Laboratoire des Sols	IRAF/CENAREST
LSA	Laboratoire Sciences des Aliments	USTM
LSAS	Laboratoire des Sols et Altération de Surface	USTM
LSGBS	Laboratoire de Sédimentologie et Géologie des bassins sédimentaires	USTM
LT	Laboratoire de Toxicologie	IPHAMETRA/ CENAREST
LT	Laboratoire de Tuberculose	CERMEL
LT	Laboratoire de Toxicologie	FMSS/USS
LUTO	Laboratoire Universitaire de la Tradition Orale	FLSH/UOB

URAB	Unité de Recherche en Agrobiologie	USTM
URCHI	Unité de Recherche en Chimie	USTM
URDC	Unité de Recherche sur le Développement et la Culture	IRSH/CENAREST
URESTE	Unité de Recherche en Sciences de la Terre et de l'Environnement	USTM
URMI	Unité de Recherche en Mathématiques et Informatique	USTM
URMM	Unité de Recherche en Mécanique des Matériaux	USTM
URPHY	Unité de Recherche en Physique	USTM

ANNEXE 2

LISTE DES CONVENTIONS SIGNÉES PAR LE CENAREST

(2007-2013)

CENAREST & ONADER
Protocole d'accord Fixant les règles de Partenariat entre le Centre National de la Recherche Scientifique et Technologique (CENAREST) de la République Gabonaise et L'Office National de Développement Rural (ONADER).

Axes de Coopération retenus

- Production de vivo plants de bananier et plantain ;
- Production de semences d'ignames, de taro, de patate douce, de maïs et de soja ;
- Production de compost ;
- Production de provende ;
- Traitement, conditionnement et conservation des récoltes ;
- Formation des Vulgarisateurs de base ;
- Promotion de l'agroforesterie ;
- Promotion des productions animales ;
- Promotion des biocarburants ;
- Le contrôle des OGM ;
- La promotion du NERICA.

Mode de financement
L'ONADER assure la prise en charge financière liée à l'exécution des programmes et projets retenus par les parties, s'il est l'initiateur. Des partenaires extérieurs peuvent également prendre part au financement des activités sous formes de dons, de legs, de prêts ou de subventions.
CENAREST &**la Faculté de Sciences Naturelles I (Sciences Biologiques) Martin LUTHER de l'Université HALLE-WTTENBERG (DATE)**

Accord de Coopération Scientifique entre la Faculté de Science Naturelle (Sciences Biologiques)
Martin LUTHER Université Halle- Wittenberg (République Fédérale d'Allemagne) et le Centre National de la Recherche Scientifique et Technologique (CENAREST) de la République Gabonaise.

Axes de Coopération retenus.

- Organisation et réalisation de projets scientifiques de recherche ;
- Organisation et réalisation de cursus communs ;
- Echange d'enseignants et de chercheurs de tous grades
- Echange de la littérature scientifique ;
- Echange d'étudiants (y compris stage et cours d'été pour étudiants)
- Réalisation commune de manifestations scientifiques (tous types d'enseignements, colloques, congrès etc.)

Mode de financement

Les deux parties essayent dans la mesure du possible de favoriser les activités communes en utilisant leur budget propre. Elles s'efforcent dans leur pays d'obtenir un soutien financier à leurs activités communes de recherche et d'enseignement. Les chercheurs accueillis dans l'universitaire/ institution partenaire doivent avoir la possibilité, lors de leur séjour, d'utiliser les ressources scientifiques de l'institution d'accueil. Il doit en aller de même pour les étudiants.

CENAREST & ENEF

Intitulé de l'accord ou convention :

Accord – Cadre de Coopération Scientifique entre le Centre National de la Recherche Scientifique et Technologique (CENAREST) et l'Ecole Nationale des Eaux et Forêt (ENEF)

Axes de Coopération retenus :

- Etudes sur la gestion des ressources naturelles du Gabon par extension de tout le massif forestier du Bassin du Congo, dans le cadre de certains projets régionaux ;
- Etudes des agros forestières ;
- Etudes sur les liens entre santé & environnement.

Mode de financement : Chaque partie reconnaît avoir souscrit les polices d'assurance couvrant sa responsabilité civile dans le cadre de la mise en œuvre du présent accord et des conventions particulières qui peuvent en découler.

CENAREST & RAPAC

Intitulé de l'accord ou Convention

Accord Général de Coopération entre le Centre National de la Recherche Scientifique et Technologique (CENAREST) et le Réseau des Aires Protégées d'Afrique Centrale (RAPAC)

Axes de Coopération retenus :La présente convention a pour objet de définir les modalités de coopération générale entre les deux parties en matière d'assistance scientifique, technologique, de recherche et de formation dans la mise en place d'une banque de données, fruits de différents projets de recherche dans des secteurs valorisant les savoirs traditionnels et scientifiques afférents aux réseaux des aires protégées de toute l'Afrique Centrale, et en particulier ceux des secteurs ayant des impacts sensibles sur le paysage environnemental des écosystèmes du Gabon, ou encore des autres pays membres du RAPAC ou le besoin se ferait sentir.

Mode de financement

Chacune des parties se charge de trouver les moyens financiers nécessaires à la réalisation de leurs projets communs.
Une fois le financement trouvé, chaque institution gérera le budget dédié à cette collaboration.

CENAREST & l'Université de Poitiers

Intitulé de l'accord :

Accord Cadre de Coopération Scientifique entre le Centre National de la Recherche Scientifique et Technologique (CENAREST) de la République Gabonaise et l'Université de Poitiers (UP).

Axes de Coopération :

- Etudes sur la santé,
- Etudes agro- forestières,
- Etudes hydro- géologique et archéologiques,
- Etudes sur les liens entre la santé & environnement.

Mode de Financement :
Chaque partie reconnaît avoir souscrit les polices d'assurance couvrant sa responsabilité civile dans le cadre de la mise en œuvre du présent accord et des conventions particulières qui peuvent en découler.
Les parties assument toutes les conséquences de la responsabilité civil qu'elles encourent envers les tiers et leurs ayants droit, en application du droit commun, en raison de tout dommage corporel ou matériel causé aux tiers par leur personnel ou leur matériel ainsi par le personnel ou matériel placés sous leur direction ou leur garde.

I. Pour l'année 2007

1. CENAREST &Jardin Botanique du Missouri (Libreville, le 31 Octobre)

Intitulé de l'accord ou Convention :
Protocole d'Accord de Coopération Scientifique entre le Centre National de la Recherche Scientifique et Technologique (CENAREST) et Jardin Botanique du Missouri à Saint-Louis U.S.A

Axes de Coopération retenus :

- Faciliter les échanges de recherche et d'organiser les stages de formation et de perfectionnement tant dans les Instituts du CENAREST que dans les laboratoires et services spécialisés du MBG
- Concourir à la réalisation des programmes de recherche retenus d'un commun accord
- Rendre accessible leurs collections (matériels d'herbier, bibliothèque, etc.)

2. CENAREST &ASBL NATURERE + (Libreville, le 22 Novembre)
Intitulé de l'accord ou Convention :
Convention de collaboration entre le Centre Nationale de la Recherche Scientifique et Technologique (CENAREST) et L'ASBL NATURERE +

Axes de coopération retenus :
La collaboration porte sur la mise en culture de deux souches de champignons d'origine gabonais Lentinus squarrosulus et une étude socio-économique sur les espèces de champignons utilisées par populations locales dans le Nord Est du Gabon.

II. Pour l'année 2008

1. CENAREST &Université Paul Valery, Montpellier 3 (Libreville, le 10 Janvier)

Intitulé de l'accord ou Convention : Convention de Partenariat entre Centre National de Recherche Scientifique et Technologique (CENAREST), représenté par la Gestion des Risques et des Espaces Humides (GREH) de l'Institut de Recherche en Science Humaines et Sociales (IRSH) Département des Sciences Marines et l'Université Paul Valery représentée par la Gestion des Sociétés des Territoires et des Risques (GESTER –EA 3766).

Axes de Coopération retenus :

- Développement de la recherche ;
- Renforcement des capacités des agents et des étudiants de chaque partie ;
- Réalisation en commun d'études.

2. CENAREST & COPY-Media (Mérignac, le 02 avril)

Intitulé de l'accord ou Convention : Accord Commercial entre le Centre National de la Recherche Scientifique et Technologique (CENAREST) et la Société COPY MEDIA.

Axes de Coopération retenus :

- L'impression des ouvrages des Editions du CENAREST.
- Aide à la composition et mise en page des ouvrages ;
- L'envoie des ouvrages au Gabon

3. CENAREST &Entreprise Gabonaise de Prestations Professionnelles et Industrielles (Libreville, le 16 mai)

Intitulé de l'accord ou Convention : Accord Commercial entre le Centre National de Recherche Scientifique et Technologique (CENAREST) et l'Entreprise Gabonaise de Prestations Professionnelles et Industrielles (EGPPI)

Axes de Coopération retenus :

- La restauration complète des installations électriques pour cause de défectuosité ;
- La maintenance et l'entretien des installations de climatisation ;
- La maintenance et l'entretien des installations de plomberie ;
- A maintenance du système électrique ;
- Toute autre prestation supplémentaire à la demande du CENAREST, dans les compétences d'EGPPI.

4. CENAREST &Fonds Mondial pour la Nature (Libreville, le 2 Juillet)

Intitulé de la convention :
Convention Générale de Coopération entre le Centre National de la Recherche Scientifique et Technologique (CENAREST) et le Fonds Mondial pour la Nature (WWF)

Axes de coopération retenus :

- Etudes zoologiques ;
- Etudes botanique et ethnobotaniques ;
- Etudes agro-forestières ;
- Etudes anthropologiques et socio-économiques
- Etudes archéologiques et des paléo - environnementaux ;
- Etudes sur la santé et l'environnement

5. CENAREST &Unité de Formation et de Recherche (UFR) Biosciences de l'Université de Cocody d'Abidjan (Libreville, le 1er août)

Intitulé de la Convention : Convention de Collaboration entre le Centre National de la Recherche Scientifique et Technologique (CENAREST) et l'Unité de Formation et de Recherche (UFR) **Biosciences de l'Université de Cocody, Abidjan, Côte d'Ivoire.**

Axes de Coopération retenus :

- Echange d'enseignants-chercheurs, chercheur, dans le cadre du programme de recherche conjoint.

Mode de financement : Les Instituts engagés chercheront auprès des organismes nationaux et internationaux (AUF, SCAC, ARD, TWAS etc..) les moyens de financement indispensable à la mise en œuvre de a présente convention.

III. Pour l'année 2009

1. CENAREST & Museo di Storia Naturale di Milano (Libreville, le 12 février)

Intitulé de l'accord ou Convention :
Accord Général de Coopération entre le Centre National de la Recherche Scientifique et Technologique (CENAREST) et Museo di Storia Naturale di Milano (MSNM).
Axes de coopérations retenues :

- Récolte et élevage,
- Préparation,
- Conservation,
- Classification des échantillons.

2. CENAREST & INRA (Villenave d'Ornon, le 15 avril)

Intitulé de l'accord ou Convention :
Convention d'Accueil entre le Centre National de la Recherche Scientifique et Technologique (CENAREST) et L'Institut National de la Recherche Agronomique (INRA).

Axes de Coopération retenus :
Mr. MIBEMU GUIBINGA Stéphane, accueilli à l'INRA, est autorisé à travailler, sur le site de la Grande Ferrade (INRA Bordeaux Aquitaine – BP 81 – 71, avenue Edouard Bourlaux – 33883 VILLENAVE D'ORNON cedex) dans les locaux de l'UMR Biologie du Fruit.

3. CENAREST &Unité de Recherche sur la Production des Plantations Industrielles (Libreville, le 06 mai)

Intitulé de la Convention :
Convention de Coopération Internationale entre le Centre National de la Recherche Scientifique et du Développement Technologique (CENAREST) et l'Unité de Recherche sur la Productivité des Plantations Industrielles (UR2PI)

Axes de Coopération retenus :

- Participation à des projets de recherche communs
- Participation commune aux projets internationaux de coopération institutionnelle,
- Organisation de rencontres d'études, de séminaires et de cours dans le domaine concerné par l'accord,
- Echange d'information de documentation et de publications scientifiques,
- Echange d'étudiants et de personnels.

Mode de financement :
Les composantes bénéficiant de cette convention veilleront, sous-couvert de leur établissement, à trouver les financements nécessaires à la mise en œuvre du présent accord.
Un bilan sera dressé à la fin de chaque année universitaire et sera soumis aux organismes concernés.

4. CENAREST &Institut des Sciences de l'Université de Kyoto (Kyoto, le 1er octobre)

Intitulé de l'accord ou Convention : Convention de Coopération Internationale entre le Centre National de la Recherche Scientifique et Technologique (CENAREST) et L'Institut des Sciences de l'Université de Kyoto

Axes de Coopération retenus :

- Echanges d'étudiants.
- Echanges de chercheurs.
- Echanges de professeurs.
- Echanges de publications et d'informations académiques.
- Organisation commune de colloques, séminaires et conférences.
- Développement de projets de recherches menés conjointement.

Mode de financement :
Les deux parties s'efforceront de mettre en place les supports budgétaires ainsi que les conditions institutionnelles, matérielles et humaines qui rendront réalisables les programmes et projets en partenariat.

5. CENAREST &URM (Lambaréné, le 14 novembre)

Intitulé de la Convention :
Convention de Collaboration entre le Centre National de la Recherche Scientifique et Technologique (CENAREST) et l'Unité de Recherche Médicales (U.R.M) de la Fondation Internationale de l'Hôpital Albert SCHWEITZER (actuelle CERMEL).

Axes de Coopération retenus :

- Echange des chercheurs dans le cadre du programme de recherche conjoint.

Mode de financement : La présente convention est signée pour une durée de cinq (5) ans. Elle pourra être modifiée à tout moment à la demande de l'un ou l'autre des partenaires. Dès lors qu'il le jugera opportun, chacun des partenaires pourra dénoncer cette convention avec un préavis formel de trois (3) mois, sans préjudice aux actions déjà engagées.

6. CENAREST &Organisation University of Stirling (Libreville, le 16 novembre)

Intitulé de l'accord ou Convention : Accord Cadre entre le Centre National de la Recherche Scientifique et Technologique (CENAREST) et l'Organisation University of Stirling (Stirling) Angleterre.

Axes de Coopération retenus :
Le CENAREST et l'Université de Stirling exécuteront des projets de recherche scientifique élaborés d'un commun accord par les départements de recherche concernés, dans les domaines d'écologie, de l'environnement et de la biodiversité.

7. CENAREST &Direction Générale de l'Energie et des Ressources Hydrauliques (Libreville, le 11 décembre)

Intitulé du protocole d'accord :
Protocole d'accord pour la Conception d'un Système d'Informations Géographiques entre l'Institut de Recherche en Sciences Humaines (IRSH) et la Direction Général de l'Energie et de Ressources Hydrauliques (DGERH)

Axes de Coopération retenus :

- Localités,
- Limites administratives,
- Routes principales,
- Autres routes et voies secondaires ;
- Réseau MT actuel ;
- Réseau MT programmé ;
- Réseau HT actuel
- Réseau HT programmé ;
- Sous-stations HT/MT actuel ;
- Centrales thermiques et site hyrdo.

8. CENAREST & CIRMF (Franceville, le 19 décembre)

Intitulé de l'accord :
Accord-cadre de Coopération Scientifique entre le Centre National de la Recherche Scientifique et Technologique (CENAREST) et le Centre International de la Recherches de Franceville (CIRMF).

Axes de Coopération retenus :
- Etudes sur la santé
- Etudes sur les liens entre santé& environnement (écologie de la santé).
- Etudes sur la médecine de Conservation (le risque zoonotique lié aux maladies sauvage).

III. Pour l'année 2010

1. CENAREST &Département d'Anthropologie de l'Université de Durham en Angleterre (Libreville, le 21 janvier)

Intitulé de l'accord :
Accord Général de Coopération entre le Centre de Recherche Scientifique et Technologique (CENAREST), l'Institut de Recherches Agronomique et Forestières (IRAF) et le Département d'Anthropologie de l'Université de Durham (Angleterre)

Axes de Coopération retenus :
- Etude des conflits homme-faune liés à la destruction des plantations ;
- Sécurité alimentaire et conservation de la faune sauvage pour les populations vivant à proximités des aires protégées ;
- Etude des relations entre les différents partenaires de la convention et les populations locales ;
- Impact de ces mêmes relations sur le succès des efforts de convention ;
- Impact de l'écotourisme sur les activités de convention et de recherche dans les aires protégées.

Mode de financement: Chaque partie sera en charge logistique et financière des activités de recherches pour ses chercheurs respectifs.

2. CENAREST & CEGARES (Libreville, le 21 janvier)

Intitulé de l'accord:
Accord Cadre de Coopération Scientifique entre le Centre National de la Recherche Scientifique et Technologique (CENAREST) et le Centre Gabonais de Recherche en Ethique et Santé (CEGARES).

Axes de Coopération retenus :
- Etudes sur la santé
- Etudes sur l'éthique
- Etudes sur les liens entre santé & environnement
- Etude sur santé et société.

3. CENAREST & Roland BEHANZIN, Expert en Correction Journalistique (Libreville, le 23 février)

Intitulé de l'accord ou Convention :
Contrat de Collaboration Rédactionnelle entre le Centre National de la Recherche Scientifique et Technologique (CENAREST) et Monsieur Roland BEHANZIN, Expert en Correction Journalistique.

Axes de Coopération retenus :
L'Expert s'engage à analyser en profondeur tous les ouvrages scientifiques qui lui seront soumis, dans le cadre d'une lecture approfondie de correction de forme et éventuellement de fond de chaque ouvrage. Et ce après avoir établi, au préalable, un chronogramme de travail correctionnel, en concertation avec les responsables des Editions du CENAREST

Mode de financement :
Le CENAREST s'engage à verser pour chaque ouvrage évalué par l'expert, un montant fixe d'honoraires d'une valeur de CINQUANTE MILLE FRANCS (50 000f) CFA. Il lui sera versé à la fin de chaque analyse, à partir d'une procédure financière qui sera établie, en con-

formité avec les réglementations des Agences comptables du Trésor Public gabonais.

4. CENAREST & ENAM (Libreville, le 02 mars)
Intitulé de l'accord ou Convention :
Accord-cadre de Coopération Scientifique entre le Centre National de la Recherche Scientifique et Technologique (CENAREST) et l'Ecole National d'Art et Manufacture (ENAM)

Axes de Coopération retenus :

- La formation (stage de perfectionnement)
- L'étude des techniques de prélèvements, de traitement et de transformation des matières premières du Gabon relevant notamment du domaine de la Céramique telles que :
- Les techniques de préparation des pâtes ;
- Les techniques de décoration céramiques ;
- Les techniques de cuisson (biscuitage)
- Les techniques d'émaillage.

5. CENAREST & Museo di Storia Naturale del Salento d'Italie (Libreville, le 1er avril)

Intitulé de l'accord :
Accord Général de Coopération Internationale entre le Centre Nationale de la Recherche Scientifique et Technologique (CENAREST) et le Museo di Storia Naturale del Salento (MSNS), Italie.

Axes de coopération retenus :

- Perfectionnement en classification systématique en entomologie, apprentissage des techniques de :
- Récolte et élevage,
- Préparation,
- Conservation,
- Classification des échantillons

6. CENAREST &Institut Jane Goodall (Libreville, le 07 Avril)

Intitulé de l'accord ou Convention : Accord-cadre de Coopération Scientifique entre Centre National de la Recherche Scientifique et Technologique (CENAREST) et L'Institut Jane GOODALL (JGI).

Axes de Coopération retenus :

- Etudes sur les Grands Singes
- Etudes d'impacts environnementaux
- Etudes sur l'environnement
- Etudes sur les liens entre conservation et populations, ou communautés locales

7. CENAREST &Cabinet STIPE (Libreville, le 31 août)

Intitulé de l'accord ou Convention : Accord Cadre de Coopération Scientifique entre le Centre National de la Recherche Scientifique et Technologique (CENAREST) et le Cabinet STIPE.

Axes de coopérations :

- Etudes sur les écologies tropicales
- Etudes agro-forestières
- Etudes sur le développement durable ;
- Etudes hydro- géologiques et archéologiques ;
- Etudes sur les liens entre santé & environnement ;
- Etudes sue la gestion environnemental dans les activités ; énergie, déchets, urbanisme, aménagement, management environnemental, etc.

IV. Pour l'année 2011

1. CENAREST &Université Marien Ngouabi du Congo (Brazzaville, le 15 avril)

Intitulé de l'accord ou Convention :
Convention de Coopération Internationale entre le Centre National de la Recherche Scientifique et Technologique (CENAREST) et L'Université Marien Ngouabi (Brazzaville), Congo.

Axes de Coopération retenus : Amélioration du niveau scientifique et de formation des deux organismes, ainsi que la promotion et l'intensification des liens d'amitié et la compréhension mutuelle entre les peuples en général et les deux organismes en particulier.

- Participation à des projets de recherche communs,
- Participation commune aux projets internationaux de coopération institutionnelle,
- Organisation de rencontres d'études, de séminaires et de cours dans le domaine concerné par l'accord,
- Echange d'informations, de documentations et de publication scientifiques
- Echange d'étudiants et de personnels,

Mode de financement :
Les composantes bénéficiant de cette convention veilleront, sous-couvert de leur établissement, à trouver les financements nécessaires à la mise en œuvre du présent accord.

2. CENAREST & Ghana Technology University College (Accra, le 20 juin)

Intitulé de l'accord ou Convention : Accord Cadre de Coopération entre le Centre National de la Recherche Scientifique et Technologique (CENAREST) et GHANA TECHNOLOGY UNIVERSITY COLLEGE (Ghana Télécommunications University College)

Axes de Coopérations :

- Définir et mettre en œuvre des projets communs de rechercher scientifique ;
- Développer une dynamique de publications scientifiques ;
- Co-organiser des séminaires et conférences de recherche scientifique,

Mode de financement :
Les enseignants et chercheurs des deux parties vont collaborer pour définir des stratégies de recherche de financements des projets de recherche. Cela inclura les réponses aux appels d'offres et la recherche

de financements divers. Les projets retenus porteront sur des sujets d'intérêt commun.

3. CENAREST & Zoological Society of London (Libreville, le 24 juin)

Intitulé de l'accord ou Convention :
Accord Cadre de Coopération Scientifique entre le Centre National de la Recherche Scientifique et Technologique (CENAREST) et la Zoological Society of London (ZSL).

Axes de Coopération retenus :

- Etudes sur la faune sauvage, en général et ses interactions avec l'Etre humain,
- Etudes d'impacts environnementaux ;
- Etudes sur les liens entre santé & environnement ;
- Etudes sur les liens entre conservation et populations, ou communautés locales

V. Pour l'année 2012

1. CENAREST, Université de Nantes, Université Omar Bongo &Ecole Normale Supérieure (27 juillet)

Intitulé de l'accord :
Accord de Coopération Scientifique entre le Centre National de Recherche Scientifique et Technologique (CENAREST) et L'Université de Nantes et l'Université Omar Bongo de Libreville (l'UOB) et l'Ecole Normale Supérieure.

Axes de coopération :
Le présent accord détermine les modalités de la coopération scientifique et Technique qui se développera prioritairement, dans la réalisation d'un projet d'étude consacré à la publication d'un ouvrage, « les littoraux du Gabon : élément de réflexion pour une planification stratégique du territoire », désigné ci-après « le Programme ».

Mode de financement :

- Chaque partie sera responsable des dépenses effectuées sur les fonds qu'elle mettra à la disposition du programme
- A la fin de chaque année, un bilan moral et financier intermédiaire sera présenté par comité de suivi.
- Un rapport d'activité sera établi annuellement par le comité de suivi qui le communiquera à chacune des parties, avec des propositions éventuelles d'amélioration.

2. CENAREST & Ecole Normale Supérieure (Libreville, le 31 Juillet)

Intitulé de l'accord ou Convention :
Grand Prix Omar Bongo ONDIMBA de la Recherche, Edition 2012. Convention entre le Centre National de Recherche Scientifique et Technologique (CENAREST) et l'Ecole Normale Supérieure

Axes de Coopération retenus : Monsieur Hourfil Gabin NTOUGOU ASSOUMOU soumettra au CENAREST qui le transmettra à la Fondation Omar BONGO ONDIMBA, un chronogramme articulé sur un maximum de 2 ans, indiquant l'ordre et la nature des dépenses auxquelles sera affectée la somme reçue de l'organisateur (20.000.000 de Francs CFA).

Mode de financement :
Fondation Omar Bongo Ondimba.

3. CENARST & Institut d'Anthropologie et d'Etudes Africaines de l'Université Johannes Gutenberg (Libreville, le 31 Juillet)

Intitulé de l'accord ou Convention :
Accord de Coopération entre le Centre National de Recherche Scientifique et Technologique (CENAREST) et L'Institut d'Anthropologie et d'Etudes Africaines de l'Université Johannes Gutenberg

Axes de Coopération retenus :

- L'échange d'étudiants, en particulier, ceux du niveau post-maîtrise ;

- L'échange de personnels d'encadrement académique ; et
- La planification et l'élaboration communes des projets à mettre en œuvre.

CENAREST & Jardin Botanique National de Belgique

Intitulé du protocole d'accord:

Protocole d'Accord de Coopération Scientifique entre le Centre National de la Recherche Scientifique et Technologique (CENAREST) et le Jardin Botanique National de Belge (JBNB)

Axes de Coopération retenus :
Les deux parties se proposent :

- De faciliter les échanges de chercheurs et d'organiser les stages de formation et de perfectionnement, tant dans les instituts du CENAREST que dans les laboratoires et services spécialisés du JBNB ;
- De concourir à la réalisation des programmes de recherche retenus d'un commun accord ;
- De rendre accessible leurs collections (matériels d'herbier, bibliothèque, etc.) ;
- D'assister les personnels du CENAREST et du JBNB dans les démarches administratives (obtention du visa, permis de recherche, etc.) nécessaires pour la bonne conduite de leurs activités
- De faciliter les échanges de données et d'informations scientifiques en rapport avec leurs activités communes.

CENAREST & Université de Rouen

Intitulé de la Convention : Convention de Coopération Internationale entre le Centre National de la Recherche Scientifique et Technologique (CENAREST) et l'Université de Rouen (France)

Axes de convention retenus :

- Participation à des projets de recherche communs

- Participation commune aux projets internationaux de coopération institutionnelle ;
- Organisation de rencontres d'études, de séminaires et de cours dans le domaine concerné par l'accord
- Echange d'informations, de documentation et de publications scientifiques,
- Echange d'étudiants et de personnels

Mode de financement :
Les composantes bénéficiant de cette convention veilleront, sous-couvert de leur établissement, à trouver les financements nécessaires à la mise en œuvre du présent accord.

CENAREST & Université de Liège

Intitulé de l'accord ou Convention :
Convention Générale de Collaboration entre le Centre National de la Recherche Scientifique et Technologique (CENAREST) et l'Université de Liège, Gembloux Agro-Bio Tech.
Axes de Coopération retenus :

- Echange d'étudiants ;
- Echange d'enseignants, chercheurs, techniciens experts
- Echange de documentation et publications ;
- Participation à des conférences, séminaires, colloques, et expositions organisés par l'une ou l'autre.

Mode de financement
La mise en œuvre de la présente convention est soumise à l'obtention par les parties des moyens financiers permettant la réalisation effective des collaborations envisagées.

CENAREST & INSTITUTO NACIONAL DE DESARROLLO FORESTAL y SISTEMA NACIONAL de AREAS PROTEGIDAS

Intitulé de l'accord ou Convention :
Convention de Coopération Internationale entre le Centre National de la Recherche Scientifique et Technologique (CENAREST) et

L'INSTITUTO NACIONAL DE DESARROLLO FORESTAL y SISTEMA NACIONAL de AREAS PROTEGIDAS (INDEFOR)

Axes de Coopération retenus :
Le but de la Coopération est l'amélioration du niveau scientifique et de formation des deux organismes, ainsi que la promotion et l'intensification des liens d'amitié et la compréhension mutuelle entre les peuples en général et les deux organismes en particulier.

Mode de financement :
Les composants bénéficiant de cette convention veilleront, sous-couvert de leurs établissements nécessaires à la mise en œuvre des deux pays concernés.

CENAREST &Centre Africain de Recherches sur Bananiers et Plantains

Intitulé de l'accord ou Convention :
Avenant à l'Accord Intergouvernemental du 1er février 2001 portant création du Centre Africain de recherches sur Bananiers et Plantains (CARBAP).

Axes de Coopération retenu :
Le centre a pour principale mission de contribuer par la recherche développement à l'amélioration des systèmes de production des bananiers et bananiers plantains des agriculteurs des pays d'Afrique Central et Occidentale. En vue de réaliser cette mission, il coopère avec les institutions locales régionales et internationales agissant dans le même domaine d'activités.

Mode de financement :

- Les contributions des Etats membres
- La contribution des donateurs
- Les financements des bailleurs de fonds,
- Les recettes provenant des prestations de services et travaux d'expertise, de formation et de valorisation réalisés par le Centre

- Les produits de la vente du matériel végétal ou de production expérimentales ainsi que les résultats de l'application de la propriété intellectuelle ainsi que toutes autres recettes susceptibles d'être générées par ses activités en conformité avec ses missions et objectifs.

ANNEXE 3

PROPOS INTRODUCTIF DU COMMISSAIRE GENERAL IDIATA A LA 5EME SESSION ORDINAIRE DU CONSEIL D'ADMINISTRATION DU CENAREST

Libreville, le 24 octobre 2008
Salle de réunion de l'IPHAMETRA

Monsieur le Ministre de la Recherche Scientifique et du Développement Technologique, Président du Conseil d'Administration,

Monsieur le Commissaire Général au Plan, Vice-président dudit Conseil,

Mesdames et Messieurs les administrateurs,

Distingués invités, Mesdames et Messieurs,

J'ai été nommé à la tête du CENAREST le 13 septembre 2007 et installé le lundi suivant. La passation de service présidée par le Secrétaire Général Adjoint du Ministère de l'Enseignement Supérieur d'alors, Monsieur Moïse NSOLE BITEGHE a eu lieu le lendemain.
Au moment de la tenue de ces assises du 5ème Conseil d'Administration du CENAREST, je suis, après à peine une année de fonction, très honoré de prendre la parole, ce jour, pour vous adresser cet exposé introductif.
Ce Conseil d'Administration arrive à point nommé tant notre institution est à la croisée des chemins, après trente et une années d'existence. En effet, lorsqu'on examine les recommandations du quatrième Conseil d'Administration auquel plusieurs d'entre vous avez pris part, il apparaît très clairement que le CENAREST a besoin de rénovation, de modernisation et de réformes. Je voudrais insister sur le mot « réforme » dont les chercheurs souhaitent qu'elle soit juste, conforme aux exigences de développement de notre pays et cohérente du point de vue scientifique, donc fatalement indépendante des conflits d'intérêts.
Voici, Mesdames et Messieurs, à titre de rappel, bien sûr, un récapitulatif des recommandations nées du 4ème Conseil d'Administration. Ce préalable me paraît indispensable pour orienter les débats dans le contexte du CENAREST d'aujourd'hui, et solliciter de ces assises du Conseil d'Administration, des orientations claires et précises par rapport à ce que notre pays attend de la recherche scientifique, de ses chercheurs et d'un Centre National de la Recherche Scientifique et Technologique moderne et novateur :

I. Au plan juridique et réglementaire, le 4ème Conseil d'administration a recommandé :

1. l'actualisation du décret 322/PR/MRSEPN du 09 avril 1977, portant organisation du Centre National de la Recherche Scientifique et Technologique (CENAREST) ;
2. l'activation du Conseil Interministériel pour la Recherche (CIMIR) ;
3. la tenue de deux (2) conseils d'administration par an, conformément aux textes en vigueur ;
4. la nomination, dans les meilleurs délais, d'un Coordonnateur Scientifique et Technique (CST) et d'un Directeur de la Recherche ;
5. l'élaboration et la finalisation du projet de statut du chercheur.

II. Au plan de la gestion des Ressources humaines, le 4ème Conseil d'administration a recommandé :

6. d'encourager les Responsables du CENAREST à poursuivre la politique de formation et de recrutement en optimisant l'adéquation entre les besoins en personnels du CENAREST et ses missions ;
7. de solliciter un moratoire favorisant la mise en stage des chercheurs.

6. Au plan de la programmation de la recherche, le 4ème Conseil d'administration a recommandé :

8. la mise en œuvre de l'actuel schéma directeur de la recherche par les acteurs impliqués dans le domaine, en vue de l'élaboration du plan stratégique national de la recherche.

7. Au plan de la gestion des budgets, le 4ème Conseil d'administration a recommandé :

9. l'inscription d'une ligne budgétaire dédiée aux dépenses liées à l'organisation des conseils d'administration ;

10. l'inscription d'une ligne budgétaire affectée aux dépenses liées à l'audit du CENAREST ;
11. l'établissement d'une comptabilité analytique faisant ressortir les budgets alloués au financement de la recherche.

8. Au plan de la coopération scientifique, le 4ème Conseil d'administration a recommandé :

13. de poursuivre l'ouverture de l'institution vers l'extérieur, notamment, à travers la diversification des partenariats internationaux ainsi que la mobilité des chercheurs ;
14. les autorités du CENAREST à formaliser le partenariat avec les universités gabonaises et étrangères.

1. Au plan de la gestion des projets de recherche, le 4ème Conseil d'administration a recommandé :

15. d'élaborer et de présenter des projets de recherche unifiés et fédérateurs, en vue de leur financement, de manière à optimiser leur efficience.

Toutes ces recommandations, vous l'avez constaté en son temps et elles sont toujours cruellement pertinentes aujourd'hui, se justifient grandement par l'inadaptation des textes actuels organisant le CENAREST, les dysfonctionnements régénérés par le statut particulier actuel des chercheurs, la non fonctionnalité du Conseil Interministériel pour la Recherche (CIMIR). Elles se justifient aussi par les nécessités de renforcer qualitativement les ressources humaines, tant les recrutements au CENAREST ont été faits de manière totalement aléatoire absurde, souvent suivant des critères non objectifs (ethnie, parenté, recommandation politique, etc.). Il s'agit aussi, dans cette perspective, de trouver d'urgence, des solutions aux difficultés de mise en stage des personnels de la recherche pour le renforcement des capacités scientifiques de l'institution. Vous vous êtes aussi, au cours du 4ème Conseil d'administration, rendus compte de l'absence d'une loi de programmation de la recherche au niveau national, ce qui permettrait de mieux orienter et gérer les dotations financières et, fatalement, permettre à la Recherche de contribuer véritablement au développe-

ment de la Nation gabonaise. Vous avez aussi constaté la faible collaboration entre les organismes d'enseignement supérieur et ceux de recherche au niveau national, alors qu'il s'agit, aujourd'hui, de mutualiser les moyens aussi bien humains, matériels que financiers dans le cadre de l'exécution des projets communs d'une recherche gabonaise de qualité. Enfin, vous avez constaté un problème récurrent sur lequel nous reviendrons souvent au cours de ce 5ème Conseil d'administration, à savoir, la problématique de l'insuffisance des budgets alloués annuellement par l'Etat au CENAREST ; et cette insuffisance a été encore plus visible en 2008 avec la baisse tout à fait spectaculaire du budget.
Ci-après, je vais vous faire l'économie de la situation du CENAREST depuis ma nomination en septembre 2007 jusqu'à aujourd'hui, à un moment où je n'ai même pas encore pu assumer une année entière de gestion financière (de janvier à décembre). Je terminerai mon propos par quelques propositions fortes que nous souhaitons voir adoptées par le Conseil d'Administration.

1. UNE ANNEE DE FONCTION EN TANT QUE COMMISSAIRE GENERAL DU CENAREST

A. Etat des lieux à mon arrivée

- **Du contexte général**

J'ai hérité d'une institution instable et totalement décrédibilisée sur tous les plans, et le mot « décrédibilisé » est faible, vous vous en doutez, puisque certains d'entre vous connaissent la réalité. Le constat qui a été fait par tous, peut se résumer par les caractéristiques suivantes : des chercheurs déprimés et désorientés ; une absence de projets de recherche mis en œuvre ; des budgets centralisés, des budgets de recherche détournés de leur orientation initiale (cf. Lois des finances respectives) ; un mécontentement généralisé conséquence de la centralisation des budgets ; un contexte général explosif et une image catastrophique de l'Institution que je devais, malgré tous ces obstacles, remettre sur les rails. Je voudrais insister sur l'absence de crédibilité du CENAREST, notamment, au plan de la gestion des finances : aujourd'hui encore, au Ministère du Plan ou au Ministère des Finances, on répond à nos demandes de financement par une seule réponse « le CENAREST n'a pas été capable de justifier les différents budgets d'investissement reçus les années précédentes, c'est-à-dire plusieurs milliards de nos Francs ». Pour illustrer ce fait, tous les acteurs ont constaté avec stupéfaction que le CENAREST n'a bénéficié d'aucun financement pour la construction en 2008. J'y reviendrai en détail dans la partie qui présente le niveau d'exécution du budget 2008.

- **De la situation financière**

Pour rappel, le CENAREST a bénéficié, au titre des budgets 2007 d'investissement et de fonctionnement, de plus d'un milliard deux cent millions de francs. La loi de finances 2007 et tous les documents comptables sont là pour le certifier. A mon arrivée, il y avait dans les caisses **99000000 FCFA** pour le fonctionnement et **74000000 FCFA** pour l'investissement (dont **50000000 FCFA** pour les études en vue de la construction d'un bâtiment polyvalent). Sur l'année 2007, le Commissaire Général et les Directeurs d'Instituts (c'est-à-dire tous les administrateurs délégués de crédits) assument la gestion d'un budget cumulé, en fonctionnement et en investissement, de **173000000 FCFA** dont ils sont responsables devant les autorités et les juridictions compétentes.

Je voudrais ajouter quatre remarques cruciales :

1) La ligne dédiée aux charges salariales était quasiment épuisée à mon arrivée (il ne restait que **13000000 FCFA** pour payer les salaires du mois de septembre 2007). Or, il fallait pourtant assumer les salaires et les primes jusque fin décembre. Là encore, j'ai dû batailler dur pour trouver des solutions auprès des partenaires qui ont voulu nous prêter de l'argent.

2) Le CENAREST était et est encore criblé de dettes, plus de **200000000 FCFA**. Pour certains dossiers, les fournisseurs, ont même fait intervenir les services de la Primature afin d'exiger leur paiement :
a. la dette du CAMES depuis 2004 ;
b. les travaux d'équipement du Commissariat Général ;

c. les travaux de construction de la Station de Recherche Expérimentale de NDOUANIANG (IRAF) ;
d. des factures liées aux contrats de parution d'une page CENAREST dans l'annuaire de Gabon Télécom ;
e. la facture de paiement d'une application informatique pour la gestion des salaires ;
f. plusieurs années d'impayés de charges patronales à la CNSS (plus de 40.000 000 FCFA) ;
g. Paiement du projet de l'UNESCO sur les pygmées ;
h. Etc.

3) Au plan du matériel et notamment des moyens roulant véhicules, j'ai hérité de deux véhicules, un Pick Up NISSAN et un ISUZU TROOPER (KB).

4) Du point de vue institutionnel, je me dois de mentionner la situation du bâtiment de l'IRAF, en cours de construction depuis des années, alors que sur le papier, ce bâtiment est signalé totalement payé, livré et réceptionné. Il en est de même pour le bâtiment de l'IRSH pour lequel seul existe un sous-bassement.

- **De la situation salariale**

A mon arrivée, le CENAREST comptait **128 agents**, pour la plus grande part en doublons. Ce qui alourdit, encore aujourd'hui, les charges salariales alors que l'Etat ne prévoit pas un tel sureffectif et qu'il n'alloue au CENAREST que **139 millions** pour financer la main d'œuvre villageoise. Il convient de préciser que le coût annuel des charges salariales nécessite plus de **200 millions** de Francs CFA. J'y reviendrai en détails plus bas. J'ai été, malgré tout, immédiatement confronté à l'exigence des salariés désireux de voir leurs émoluments augmenter. La principale doléance, savamment entretenue par le SYNAPUGRESS soutenu par certaines centrales syndicales, était de trouver de l'argent pour augmenter les salaires.
Il convient, avant toute chose, de rappeler qu'à mon arrivée au CENAREST, la situation se caractérisait par une masse salariale qui dépassait le montant régulièrement alloué au chapitre. Les salaires ne reposaient sur aucune grille puisque les disparités étaient criardes : des

agents ayant la même fonction, qui ont la même durée et qui se retrouvent avec des salaires totalement différents. Une prime mensuelle était attribuée aux responsables financiers et un état dénommé « aides aux chercheurs » était payé pour soutenir certains chercheurs sur un principe totalement inintelligible de notre point de vue [l'annexe 1 du présent document présente l'état des salaires du mois de septembre 2007, à mon arrivée].

Du bilan financier 2007

Aujourd'hui encore, nous sommes obligés d'assumer les conséquences d'une gestion financière 2007 que nous n'avons assumée qu'au dixième. Nous payons des dettes, nous subissons des interpellations et attaques de toutes sortes de la part de fournisseurs mécontents alors que nous n'avons reçu aucun budget pour solder les dettes du CENAREST depuis des années. Quelle que soit notre bonne volonté, il ne sera pas possible de payer toutes les dettes accumulées depuis des années et pouvoir, en même temps, faire fonctionner l'Institution.
Il est crucial d'amener à comprendre que les **99.000 000 FCFA** de départ n'étaient que théoriques puisqu'au final, il manquait **40.000 000 FCFA** au mois de décembre. L'Agent comptable nous expliqua qu'entre temps, des dossiers de l'ancienne équipe avaient été payés et qu'il y avait donc inadéquation entre la caisse réelle et la base de données GECTUS qui assumait la gestion des comptes (Voir M. HARVEY à l'UOB).
Sur le fonctionnement, nous avons rencontré d'énormes difficultés pour terminer l'année dès lors qu'il fallait faire fonctionner les instituts en même temps qu'il fallait payer les salaires. Heureusement, tous les directeurs avaient adopté ma proposition de privilégier les salaires. En décembre, par exemple, j'ai été obligé de contracter de nouvelles dettes pour financer l'arbre de noël et couvrir les charges salariales du mois de décembre.
Sur l'Investissement, nous avons engagé les **50.000 000 FCFA** pour la réalisation des études, tel que prévu par la loi des Finances. Ces études, réalisées conformément au principe d'attribution des Marchés Publics et après avis de non objection délivré par la Direction Générale des Marchés Publics par l'entreprise S.E.T.E. (B.P. 13095, Libre-

ville), ont été soumises au Ministère du Plan dans une correspondance par laquelle nous sollicitions une inscription au titre de la construction du Bâtiment Polyvalent.

B. Bilan après 12 mois de fonction

Définition des objectifs

Partant de l'état catastrophique de l'institution à ma prise de service et des missions assignées au CENAREST, mon équipe et moi-même avons défini un certain nombre d'objectifs à court et moyen terme susceptibles de redynamiser le Centre National de la Recherche Scientifique et Technologique (CENAREST). Ces objectifs, qui couvrent aussi bien les aspects administratifs, la gestion des personnels que la gestion des finances et le patrimoine de l'institution ont été déclinés comme suit :

1. Relancer les activités de recherche ;
2. Construire une dynamique transparente de gestion financière ;
3. Redonner aux instituts le pouvoir de gestion financière ;
4. Réduire progressivement les effectifs de la main d'œuvre
5. Assainir progressivement l'état d'endettement du CENAREST
6. Revaloriser l'Institution
7. Promouvoir la recherche et les chercheurs
8. Construire une dynamique de programmation des recrutements des chercheurs et des techniciens de recherche ;
9. Construire une dynamique de programmation de la recherche ;
10. Finaliser, dans la mesure du possible, certains chantiers initiés par les prédécesseurs.

Les réalisations pour atteindre les objectifs fixés : le point après une année de fonction

1. Par rapport à la relance des activités de recherche

La toute première action que le Coordonnateur Scientifique et Technique (CST), Dr. Louis Joseph MBOULA et moi-même avons entreprise a été non seulement de faire le point des projets de recherche mis en veilleuse, notamment les projets à portée nationale et régionale (CORAF, forêts du bassin du Congo, projets CEMAC, etc.) et internationale en partenariat avec l'IRD, le CIRAD, le CIFOR, l'UE, les ACP, etc. mais aussi de noter avec stupéfaction l'inexistence d'une structure technique d'évaluation des cinq instituts du CENAREST (directeurs et chercheurs), des projets de recherche à partir de critères scientifiques, des résultats des recherches, d'identification des grandes thématiques en adéquation avec les objectifs de développement du Gabon et de la sous-région. La brochure intitulée « Projets de recherche du CENAREST de 2008 à 2010 » publiée en juillet 2008 aux Editions du CENAREST est la preuve palpable pour restaurer la confiance de nos partenaires. Je voudrais simplement ajouter que le rapport scientifique préparé par le Coordonnateur Scientifique et Technique dresse un bilan des activités menées dans le cadre des projets financés en 2008 par l'Etat et/ou les partenaires nationaux et internationaux.

2. Par rapport à la construction d'une dynamique transparente de gestion financière

Avant mon arrivée, la gestion des finances du CENAREST se faisait à partir du logiciel GECTUS actuellement utilisée par l'Université Omar Bongo. Monsieur HARVEY sous-traitait donc cette activité pour un coût mensuel de **500.000 FCFA** que le CENAREST lui reversait, soit un cumul annuel de six millions (**6.000 000 FCFA**). Nous avons continué à appliquer cette gestion délocalisée pendant nos trois mois d'exercice en 2007. Cette situation n'était, évidemment pas tenable de tous les points de vue, notamment le fait de situations différentes entre les écritures théoriques dans GECTUS et la réalité dans la caisse du CENAREST (Cf. Agent comptable). Pour illustrer ce fait, je reviens sur le manquant de **40 millions de Francs CFA** constaté au mois de décembre 2007 alors que nous faisions le point de l'année budgétaire. Pour résoudre ce problème, nous avons commandé une application informatique dédiée à la gestion financière. Cette application a coûté dix millions de Francs CFA et a été payée sur les crédits du Commissariat Général. Grâce à cette application, chacun peut suivre chaque jour et en temps réel, le niveau d'exécution des différents budgets [l'annexe 2 présente une vue de cette application]

3. Par rapport à l'objectif de redonner aux instituts le pouvoir de gestion financière

Face à la situation explosive qui prévalait au CENAREST, situation consécutive à la centralisation des budgets par mon prédécesseur le Commissaire Général sortant, j'ai choisi d'adopter une posture différente. Tous les budgets, aussi bien le fonctionnement que l'investissement ont été assumés par chaque administrateur délégué de crédits. La décentralisation a été totale. Ainsi, les Directeurs d'instituts ont-ils géré leur fonctionnement et la totalité de leurs crédits de recherche. Je voudrais insister sur ce fait historique dans l'histoire trentenaire du CENAREST. J'ajoute que sur un plan pratique, nous avons avec les directeurs d'instituts, identifié les dépenses spécifiques à chaque composante et les dépenses communes, comme le complément nécessaire au paiement des charges salariales, les primes mensuelles, les services communs (les Editions du CENAREST, la coopération et les relations internationales, etc.). Afin de prendre en charge les dépenses communes, nous avons mutualisé nos moyens en fonctionnement : 60% du budget du Commissariat Général et 40% du budget des autres composantes ont été affectés pour assumer les dépenses communes [l'annexe 3 au présent rapport présente le budget du CENAREST après les différents arbitrages].

Le tableau 1 ci-dessous présente les dotations initiales du budget de fonctionnement de chaque composante et le montant dédié à la mutualisation. Le tableau 2 présente le budget de fonctionnement exécuté par chaque composante après application du principe de mutualisation. Le tableau 3, quant à lui, montre les articulations du budget d'investissement, lui aussi, géré par chaque administrateur conformément à la loi des Finances qui précise les montants alloués à chaque composante.

Tableau 1 : Budget de fonctionnement

Composantes	Administrateur de crédits	Dotations	Montant mutualisé
CG	Prof. IDIATA	325.000 000	195.000.000
CST	Dr. MBOULA	15.000 000	7.500 000
DAF	M. MBA ONDO/ Prof IDIATA	18.500 000	9.750.000
Herbier National	Dr NGOK BANAK	3.500.000	1.400.000
IPHAMETRA	Dr. SOUZA	33.200.000	13.280.000
IRAF	Prof. NTOUTOUME	33.500 000	13.400.000
IRET	Dr NGOK BANAK	33.500 000	13.400.000
IRSH	Dr ELLOUE	20.000 000	8.000.000
IRT	Dr MBEGA	17.500.000	7.000.000
Totaux		**499.700.000**	**268.730.000**

Tableau 2 : Budget de fonctionnement exécuté par chaque administrateur délégué de crédits après application du principe de mutualisation.

Composantes	Administrateur de crédits	Dotations en millions de FCFA
CG	Prof. IDIATA	399.030.000
CST	Dr. MBOULA	7.500.000
DAF	M. MBA ONDO/ Prof IDIATA	8.750.000
Herbier National	Dr NGOK BANAK	2.100.000
IPHAMETRA	Dr. SOUZA	19.920.000
IRAF	Dr. NDOUTOUME	20.100.000
IRET	Dr NGOK BANAK	20.100.000
IRSH	Dr ELLOUE	12.000.000
IRT	Dr MBEGA	10.500.000

Tableau 3 : Budget d'investissement

Composantes	Dotations	Nature	Administrateurs des crédits
CG	30.000000	Etude construction bâtiment IRSH	Prof IDIATA
	30.000000	Etude construction clôture site de Sibang	ProfIDIATA
	25.000000	Achat véhicule	Prof IDIATA
	25.000000	Achat équipements haute technologie	Prof IDIATA
IPHAMETRA	20. 000000	Recherche	Dr SOUZA
IRAF	55.000000	Recherche	Prof NTOUTOUME
IRET	76.000000	Recherche	Dr NGOK BANAK
IRSH	30.000000	Recherche	Dr ELLOUE
IRT	NEANT		

Le niveau des budgets alloués au CENAREST en 2008 impose qu'on s'y attarde pour dresser un tableau comparatif des budgets du CENAREST sur les cinq dernières années. Les tableaux 4 et 5, ci-dessous, présentent respectivement l'évolution du budget de fonctionnement et l'évolution du budget d'investissement.

Tableau 4 : Evolution du budget de fonctionnement sur les six dernières années (en millions de FCFA).

Composantes/années	2003	2004	2005	2006	2007	2008
Commissariat Général	350	350	358	333,3	351,8	325,3
Coordonnateur Scient.	0	0	0	0	0	15
DAF	0	0	0	0	0	18,5
IPHAMETRA	0	0	0	21,7	38,7	36,7
IRAF	0	0	0	21,5	33,5	33,5

IRET	0	0	0	14,5	38,5	33,5
IRSH	0	0	0	9	20	20
IRT	0	0	0	10	17,5	17,5
Total	350	350	358	410	500	500

Sources : *lois de finances 2003-2008*

Tableau 5 : Evolution du budget d'investissement sur les six dernières années (en millions de FCFA).

Postes de dépenses/Année	**2003**	**2004**	**2005**	**2006**	**2007**	**2008**
Recherche	30	30	100	100	460	181
Equipements et construction	441	570	866	745	270	110
Total	471	600	966	845	730	291

Sources : *Lois de finances 2003-2008.*

Ce tableau appelle au moins un commentaire au sujet de la baisse spectaculaire des budgets recherche en 2008. Comment comprendre cette baisse de plus 60% ? Comment amener le CENAREST à atteindre ses objectifs en matière de recherche si les budgets dédiés à cette fin sont aussi bas ?

4. Rapport financier du CENAREST au 22 septembre 2008

Les tableaux 6 et 7 ci-dessous présentent la situation financière du CENAREST au 22 septembre 2008. Le tableau 6 présente le récapitulatif du budget de fonctionnement alors que le tableau 7 présente le récapitulatif du budget d'investissement. Deux remarques cruciales sont utiles pour une meilleure appréciation de ces tableaux :

1° La gestion des budgets a été décentralisée. Le Commissaire Général, le Coordonnateur Scientifique et Technique et les Différents directeurs ont normalement géré les budgets qui ont été alloués à leurs composantes respectives.

2° Les crédits recherche ont été gérés exclusivement par les Directeurs d'Instituts. C'est un fait historique au CENAREST. Il revient à chaque Directeur de rendre compte à la fin de l'exercice budgétaire, de l'utilisation des sommes affectées à aux différents instituts.

Tableau 6 : RECAP BUDGET FONCTIONNEMENT DU CENAREST EN 2008

N°	Libellé	Dotation init	Augmen-tation	Dimi-nution	Dotation modif.	Paiements	Disponible
1	Cab. CG	399539833	34 295 443	34 295 443	399539833	307941232	91598 601
2	CST	7 500 000	1 400 000	0	7 500 000	3 320 584	4 179 416
3	DAF	8 750 000	2 778 544	0	8 750 000	5 502 560	3 247 440
4	DIST	0	0	0	0	0	0
	S/S Total CG	415 789833	38 473 987	34 295 443	415789833	316764376	99025 457
5	Dir. IRET	15 729 345	0	0	15 729 345	11 631 344	4 098 001
6	IPASSA	10 650 000	0	0	10 650 000	2 761 503	7 888 497
	S/S Total IRET	26 379 345	0	0	26 379 345	14 392 847	11986 498
10	Dir. IRT	8 525 000	0	0	8 525 000	4 327 304	4 197 696
7	Labo d'art & manu-facture	500 000	0	0	500 000	187 408	312 592

8	Labo génie mécanique	750 000	0	0	750 000	280 113	469 887
9	Labo techno alimentaires	750 000	0	0	750 000	112 550	637 450
	S/S Total IRT	10 525 000	0	0	10525000	4 907 375	5 617 625
14	Dir. IRSH	9 000 000	0	0	9 000 000	4 453 842	4 546 158
11	Atlas litoral gabonais	1 000 000	0	0	1 000 000	500 000	500 000
12	Salle audio visuelle	1 000 000	0	0	1 000 000	750 000	250 000
13	salle d'analyse des données	1 000 000	0	0	1 000 000	190 375	809 625
	S/S Total IRSH	12 000 000	0	0	12000000	5 894 217	6 105 783
15	Dir. IRAF	7 390 000	0	0	7 390 000	3 075 000	4 315 000
16	Labo des Sols	3 600 000	0	0	3 600 000	1 550 000	2 050 000
17	Labo biotechnologies	3 600 000	0	0	3 600 000	560 000	3 040 000
18	Menuiserie	2 100 000	0	0	2 100 000	1 716 740	383 260
19	Garage	2 100 000	0	0	2 100 000	680 827	1 419 173

20	Ndouaniang	1 500 000	0	0	1 500 000	800 000	700 000
	S/S Total IRAF	**20 290 000**	**0**	**0**	**20290000**	**8 382 567**	**11907 433**
24	Dir. IPHAMETRA	8 020 000	0	0	8 020 000	3 553 526	4 466 474
21	Centre thérapeuthi-quetradi	2 200 000	0	0	2 200 000	900 000	1 300 000
22	Labo phitochimie& pharma	5 100 000	0	0	5 100 000	2 131 511	2 968 489
23	Medécine tradi-tionnelle	2 200 000	0	0	2 200 000	0	2 200 000
25	Arboretum de Si-bang	2 400 000		0	2 400 000	1 602 631	797 369
26	Herbier National	2 100 000	0	0	2 100 000	774 999	1 325 001
	S/S Total IPHA-METRA	**22 020 000**	**0**	**0**	**22020000**	**8 962 667**	**13057 333**
TOTAL		**507004 178**	**38 473987**	**34 295 443**	**507004178**	**359304049**	**147700129**

TABLEAU 7 : RECAP BUDGET INVESTISSEMENT DU CENAREST EN 2008

			Modification				
N°	Libellé	Dotation init.	Augmen-tation	Dimi-nution	Dotation modif.	Paiements	Disponible
1	**Commissariat Général**	**110000000**	**0**	**0**	**110000000**	**108699175**	**1300825**
2	CST	0	0	0	0	0	0
3	DAF	0	0	0	0	0	0
4	DIST	0	0	0	0	0	0
5	IRET	76000000	0	0	76000 000	70383182	5616818
6	IPASSA	0	0	0	0	0	0
7	IRT	0	0	0	0	6 042 073	-6 042073
8	IRSH	30000000	0	0	30 000 000	25523000	4477 000
9	IRAF	55000000	0	0	55000000	48870283	6129 717
10	Labo des sols	0	0	0	0	0	0
11	Labo biotechnologies	0	0	0	0	0	0
12	Menuiserie	0	0	0	0	0	0

13	Garage	0	0	0	0	0	0
14	Ndouaniang	0	0	0	0	0	0
15	IPHAMETRA	20000000	0	0	20000000	17179800	2820200
16	Arboretum de Sibang	0	0	0	0	0	0
17	Herbier National	0	0	0	0	0	0
	TOTAL	**291000000**	**0**	**0**	**291000000**	**276697513**	**14302487**

En plus de ces données, rapport financier de l'Agent comptable du CENAREST présente, en détails, le niveau d'exécution des différents budgets au 22 septembre 2008.

5. Réduire progressivement les effectifs de la main d'œuvre villageoise

A ma prise de service en septembre 2007, faut-il le rappeler, le CENAREST comptait 128 agents de la main d'œuvre villageoise (les salariés payés sur les crédits de l'Institution). Les effectifs étaient répartis ainsi qu'il suit :

Tableau 8 : Effectifs des personnels de la main d'œuvre en décembre 2007

Commissariat Général :	31 agents
IPHAMETRA	20 agents
IRAF	33 agents
IRET	32 agents
IRSH	5 agents
IRT	7 agents

Au mois de septembre 2008, un an jour pour jour, le nombre total des salariés payés sur les crédits du CENAREST est de 108, soit une baisse de 16.9%, c'est-à-dire 20 agents de moins, ce qui représente une économie conséquente. Les 108 agents sont répartis comme suit :

Tableau 9 : Effectifs de la main d'œuvre non permanente en 2008

Commissariat Général :	27 agents
IPHAMETRA	15 agents
IRAF	25 agents
IRET	31 agents
IRSH	4 agents
IRT	5 agents

L'objectif, dans les cinq années à venir est de pouvoir intégrer la totalité des agents payés sur les crédits du CENAREST dans la main d'œuvre de l'Etat et d'orienter l'affectation et la nomination de fonctionnaires aux différentes fonctions et services qu'impose le fonctionnement efficient du CENAREST. Tout cela, dans la perspective de la réforme tant attendue pour adapter l'institution aux exigences et aux attentes du pays en matière de développement et de recherche.

6. Assainir progressivement l'état d'endettement du CENAREST
A notre prise de fonction, le CENAREST comptait plus de trois cent millions d'endettement. Et encore, s'agit-il uniquement de dettes recensées à ce jour, puisqu'il ne s'est pas passé une semaine sans qu'une nouvelle facture nous parvienne. Partant de budgets à peine suffisants pour régler des problèmes de fonctionnement de plus en plus nombreux, nous avons essayé, en 2008, de régler quelques-unes des dettes, comme la facture du CAMES, impayée depuis 2004 ; la lourde facture des charges salariales de plus de cent millions impayés à la CNSS depuis plusieurs années et qui avait fait qu'à notre arrivée, les salariés ne percevaient aucun droit de la part de la CNSS. Nous avons totalement soldé l'année 2007, y compris les trimestres qui ont précédé notre arrivée et payé intégralement 2008. Grâce à l'intervention personnelle de Monsieur le Ministre d'Etat, Ministre des Finances, plus de soixante millions ont été payés par l'Etat au titre de la dette publique pour solder une partie de la dette cumulée par le CENAREST vis-à-vis de la CNSS. Je suis heureux de dire que tous nos salariés perçoivent aujourd'hui leurs droits à la CNSS.
Bien entendu, la situation est très loin d'être stable puisqu'il reste encore beaucoup de dettes impayées et qui le resteront tant que nos budgets permettront à peine de résoudre les problèmes immédiats (comme les salaires).

7. Revaloriser l'Institution
Je voudrais rappeler que l'image du CENAREST était catastrophique à mon arrivée. Partout, ou presque, les populations se demandaient à quoi servaient les chercheurs. Même au niveau le plus élevé de la représentation nationale, nombreux sont ceux qui, ouvertement, se posaient la question de l'utilité d'un CENAREST au Gabon. Notre premier défi a donc consisté à rassembler les chercheurs dans les différents instituts et à remobiliser les troupes. Par la suite, et grâce à l'abnégation du Coordonnateur Scientifique et Technique, nous avons mis en œuvre un plan de communication aux plans national et international pour montrer que dans le contexte actuel, le CENAREST a un

rôle crucial à jouer, pourvu que les Pouvoirs publics lui accordent la confiance souhaitée et les moyens nécessaires. Tout cela, à la condition qu'en amont du processus, les choses soient clarifiées par le Gouvernement sur les attentes en matière de recherche.
Parmi les actions que nous avons retenues dans notre stratégie, nous avons multiplié les interventions à la radio et à la télévision, la plupart du temps avec nos partenaires internationaux (américains, français, japonais, etc.). A l'attention du grand public, nous avons créé le cycle des conférences (par arrêté du Commissaire Général n° Réf N° 141/MESR/CENAREST/CG) qui a permis à nos chercheurs et à nos partenaires de présenter des conférences grand public au CCF de Libreville et dans la salle de conférence du Commissariat Général. Un ouvrage collectif qui rassemble la totalité des textes liés à ces conférences va paraître très prochainement aux Editions du CENAREST.
Nous avons aussi créé le Prix CENAREST de la recherche (par arrêté du Commissaire Général n° 139/MESR/CENAREST/CG) qui a gardé en émoi nombre de compatriotes pendant plusieurs semaines. Ce prix, fortement médiatisé et soutenu par l'Unesco, le CICIBA, la Coopération française et l'Assemblée Nationale du Gabon a permis de montrer à l'Opinion publique que nos chercheurs travaillent effectivement.
La revalorisation de l'institution passait aussi par un renforcement des capacités en termes d'encadrement. Pour essayer de ressembler à une structure comme le CNRS français dont nous nous inspirons sur nombre d'aspects, nous avons créé de nouveaux postes pourvus en interne. Ainsi, avons-nous nommé six conseillers :

- Un conseiller en communication ;
- Deux conseillers recherche (sciences humaines et sciences dures) ;
- Un conseiller juridique ;
- Un conseiller administratif ;
- Un conseiller chargé du CAMES ;
- Un Conseiller chargé des relations internationales.

Les documents en Annexe 5 présentent les lettres de mission de chacun des conseillers. Il est crucial de bien comprendre que le choix des personnes et le profil de chaque poste ont été, au préalable, soumis à la guidance de Monsieur le Ministre de la Recherche en sa qualité de Président du Conseil d'Administration.

En plus de ces postes de Conseillers, nous avons créé un service de coopération et de relations internationales (Réf N° 137/MESR/CENAREST/CG). Ce service assure, en liaison avec les Instituts, les chercheurs et les partenaires nationaux et internationaux, le développement des actions de coopération pour renforcer la mobilité des chercheurs et promouvoir le savoir-faire du CENAREST. Il assure aussi une fonction logistique (accueil et hébergement des chercheurs, démarches administratives, etc.). Il participe, en outre, à la mise en place des conventions et programmes de partenariats en même temps qu'il assure la veille informationnelle [le document en annexe 6 présente en détails cette innovation]
Nous avons aussi créé toujours par arrêté du Commissaire Général (Réf N° 138/MESR/CENAREST/CG) une commission scientifique d'examen des demandes d'autorisation de recherche, en abrégé CSAR, qui est un organe consultatif dont la mission est d'examiner les demandes d'autorisation de recherche adressées au CENAREST et d'émettre un avis sur la pertinence des dossiers soumis à son appréciation. Dans le cadre de la convention signée avec l'Agence Nationale des Parcs Nationaux (ANPN), c'était un préalable nécessaire.

D'autres innovations ont aussi été apportées, pour renforcer la gestion de la station de Recherche d'IPASSA à travers la création de sept services (arrêté N° 0140/ MESR/CENAREST/CG), pour dynamiser l'activité de cette composante [le document en annexe 8 présente cette innovation].

Les mêmes efforts ont été consentis pour redynamiser les activités du garage, de l'atelier et de la station NDOUANIANG de l'IRAF ainsi que pour redynamiser le Département des Sciences et Technologies de l'Information (DESTI) quant au document en annexe 10, il présente restructuration du garage de l'IRAF.

8. Promouvoir la recherche et les chercheurs

La promotion de la recherche est une mission fondamentale du CENAREST. Partant du contexte de morosité à notre arrivée, il fallait tout mettre en œuvre et à court terme, pour trouver des stratégies visant à revaloriser la recherche et les chercheurs du CENAREST, dans un premier temps. Pour ce faire, nombre d'actions ont été initiées :

- **Création du PRIX de la Recherche** dont l'objet est de décloisonner le savoir et encourager la recherche scientifique et technologique au Gabon en lui offrant une audience élargie ; créer une dynamique d'échange entre les acteurs de la recherche au Gabon et instaurer un débat d'idées permanent autour des chercheurs et de leurs savoirs, et encourager les chercheurs à aborder des recherches concernant les problèmes fondamentaux liés au développement du Gabon, ainsi que les grands problèmes du monde contemporain.

- **Création d'un Conseil scientifique**. Pour combler le vide existant dans les textes actuels du CENAREST, nous avons créé, en interne, un Conseil Scientifique défini à partir des normes internationales, comme un organe consultatif dont la mission est de renforcer la coordination scientifique du CENAREST. Le CS est le garant de la qualité et du niveau de la recherche menée au CENAREST. Occupant une place centrale dans l'évaluation, le choix et le suivi des différentes activités de recherche, le CS a pour mission d'apprécier : la fiabilité, la faisabilité, la mise en œuvre de la méthodologie et du protocole expérimental, la description du projet, la valeur scientifique des résultats escomptés, la contribution de la recherche dans la résolution des problèmes techniques auxquels le Gabon est confronté. Le CS fait donc office de la Mission de Stratégie et de Prospective, notamment en ce qui concerne : la capacité scientifique du chercheur impliqué à exécuter le projet (évaluation du cursus, des travaux et de l'expérience locale) ; l'hypothèse et la pertinence du projet; le plan de recherche et le chronogramme ; le budget sollicité ; etc. Le CS a un rôle de conseil et de proposition auprès du Commissariat Général. Le CS œuvre au renforcement, à la consolidation des programmes de recherche, de développement technologique et à la multiplication de partenariats susceptibles d'apporter des financements supplémentaires, surtout dans le cadre de la recherche publique, selon les attentes des Hautes Instances de la République, sous l'instigation du ministère de tutelle.

- **Création d'un cycle de conférences du CENAREST**, qui a aussi pour mission de décloisonner le savoir et encourager la recherche scientifique et technologique au Gabon en lui offrant une audience élargie ; créer une dynamique d'échange entre les acteurs de la recherche au Gabon et instaurer un débat d'idées permanent autour des chercheurs et de leurs savoirs, et mettre à la disposition du public national et international, les résultats des travaux des chercheurs du CENAREST et de tout autre structure de recherche [le document en annexe 14 présente cette innovation].

- **Création des Editions du CENAREST** pour promouvoir une politique de publication scientifique de haut niveau dans notre pays. Pour ce faire, nous avons signé une convention avec COPY MEDIA, un imprimeur numérique français situé à Mérignac près de Bordeaux. A ce jour, plusieurs ouvrages ont été publiés, et d'autres, programmés d'ici à décembre 2008 [les documents en annexe 15 et 16 présentent cette innovation]

- **Création de la Revue Scientifique en ligne, en partenariat avec l'UNESCO**. La revue en ligne *ScienceSud* publiée en ligne (www.editions.cenarestgabon.org/revues) a été conçue pour amener nos chercheurs à décloisonner leur savoir, tout en valorisant la recherche scientifique et technologique au Gabon, dans la sous-région et dans le reste du monde. Elle offre, de ce fait, aux chercheurs une audience élargie de leurs travaux. En s'inscrivant dans ce cadre, *ScienceSud* se veut être un lieu d'échanges et de rencontres scientifiques reposant sur deux atouts principaux : la pluridisciplinarité et le bilinguisme. A cause de l'essor des sciences et des techniques, à cause de l'impact qu'a aujourd'hui l'information scientifique et technologique, il faut viser un public plus large, donc mettre à la disposition des chercheurs, des universitaires, des décideurs politiques et économiques, etc. un éventail de connaissances plus important et plus diversifié. Le chercheur d'aujourd'hui, parce que vivant immergé dans un monde aux savoirs hétérogènes, et dans lequel les difficultés d'intercompréhension se sont accrues avec le cloisonnement culturel et les spécialisations techniques, a besoin de sources de références pluridisciplinaires. Dans ce sens, *ScienceSud* constitue une sorte de noyau, par excellence, capable de combler l'écart existant entre les connaissances de chacun et celles de communautés scientifiques et culturelles. En somme, l'existence de cette revue s'explique par le besoin pressant d'échanges scientifiques et culturels dont nos chercheurs ont grand besoin. Son objectif et son ambition première résultent de la situation actuelle de l'information scientifique et technologique et de l'état des recherches qui ont cours sur le territoire du Gabon, en particulier, et en CEMAC, de manière générale. Parce que *ScienceSud* doit être un lieu d'échange, il est impératif que cette revue soit le reflet de la dynamique scientifique mondiale dans son acception la plus large. De ce point de vue, *ScienceSud* est une revue multilingue (aujourd'hui, français, anglais, et plus tard, espagnol, portugais, etc.).

- **Création d'un service traduction en langue anglaise** pour faciliter les publications des chercheurs. Ce service a pour mission de traduire, du français à l'anglais et de l'anglais au français, tous les documents scientifiques du CENAREST (publications, conventions, plaquettes d'information et tous les supports de communication) ; traduire, mettre à jour et animer la version anglaise du site web et de l'édition numérique.

- **Finalisation du moteur de recherche de fonds documentaires numériques entièrement dédié aux informations de la Forêt et l'Environnement en Afrique Centrale (www.pefac.net) en collaboration avec le Projet FORINFO de la Coopération française.** L'objectif de la mise en place d'un fonds documentaire numérique « forêt et environnement en Afrique Centrale » a fait appel à une démarche novatrice. Novatrice, car il ne s'agit pas de réaliser un énième portail d'un domaine qui en comporte déjà beaucoup, mais plutôt un véritable outil coopératif d'aide à la recherche documentaire numérique pour l'ensemble des acteurs concernés qu'ils soient chercheurs, étudiants, consultants, journalistes, gestionnaires de projets ou tout simplement intéressé par le sujet. Ce portail, est le fruit d'une collaboration très étroite avec les centres de Recherche de la sous-région, certaines ONG, le monde universitaire et la société civile, qui ont contribué à la définition des termes de référence du site et à la constitution de son fonds documentaire. Conçu pour diffuser à un large public les informations du domaine, il répond à un besoin longtemps ressenti par les professionnels du secteur, (Chercheurs, Universitaires, ONG, Société Civile, …) en Afrique Centrale. D'autre part, il permet de lancer des recherches très pointues et retrouver à l'intérieur d'un document de type PDF les informations recherchées, d'afficher soit l'ensemble du document, soit le paragraphe concerné ; faire des recherches par thématiques, par mots clefs, etc.

- **Création d'un nouveau site web du CENAREST** (www.cenarestgabon.org) pour dynamiser la visibilité de la recherche gabonaise et l'activité de nos chercheurs au plan international. Le site web du CENAREST est consultable en français et en anglais.

9. Relance des activités de recherche

Pour la première fois dans l'histoire du CENAREST, les budget destinés à la recherche ont été effectivement utilisés pour la recherche et géré, à la base, par les différents instituts conformément à la loi des finances. Le document en annexe 20 présenté par le Coordonnateur Scientifique et Technique du CENAREST dresse un bilan d'étape de la mise en œuvre des différents projets. Il est crucial de rappeler aux Commissaires que le démarrage des projets n'a été effectif qu'à la mise en place du budget d'investissement, c'est-à-dire au mois de mars 2008. Le bilan présenté ici reste donc très sommaire.

10. Construire une dynamique de programmation des recrutements des chercheurs et des techniciens de recherche

Aujourd'hui, nous en sommes au 5ème Conseil d'administration. Nombre des Commissaires ici ont assisté au 4ème Conseil en août 2007 pour comprendre que les recrutements des chercheurs au CENAREST ont été faits hors de toute vision en termes de développement des instituts et de dynamique nationale de recherche. La conséquence, c'est que l'Institution se trouve en sureffectifs, avec un niveau d'encadrement très bas, on le verra dans les tableaux ci-dessous. Alors qu'il aurait fallu programmer la formation et le recrutement des chercheurs en fonction des évolutions scientifiques, des moyens financiers et matériels de chaque institut, on a fait le plein sur des sujets pourtant déjà pourvus. Les tableaux 10, 11 et 12 ci-dessous présentent la répartition des chercheurs par institut, par diplôme et par grade.

Tableau 10. Effectifs des chercheurs par Institut (en 2008)

Instituts	Chercheurs recrutés	Chercheurs en cours de recrutement
IPHAMETRA	12	10
IRAF	38	32
IRET	12	14
IRSH	62	45
IRT	14	11
TOTAUX	**138**	**112**

Tableau 11. Effectifs des chercheurs par diplôme (en 2008) (chercheurs recrutés et en cours de recrutement par la Fonction Publique)

	Doctorat	DES S	DE A	Master	CAPE S	Ingénieurs
IPHAMETRA	10	1	6	2	0	3
IRAF	14	6	12	4	1	33
IRET	11	1	8	3	0	3
IRSH	82	4	21	0	0	0
IRT	2	7	6	2	0	8
TOTAUX	**119**	**19**	**53**	**11**	**1**	**47**

Tableau 12. Effectifs des chercheurs par grade (en 2008)

	Directeurs de recherche	Maîtres de recherche	Chargés de recherche	Attachés de recherche
IPHAMETRA	0	1	1	21
IRAF	0	0	*2	68
IRET	0	0	1	25
IRSH	0	1	9	97
IRT	0	0	0	25
TOTAUX	**0**	**2**	**13**	**236**

* maîtres-assistants.

Ces tableaux montrent, avant toute chose, le sous encadrement du CENAREST. En 32 ans d'existence (1976-2008), nous n'avons aucun directeur de recherche. On a 3 maîtres de recherche dont deux à l'IRSH (un en sciences du langage et l'autre en musicologie) et un à l'IPHAMETRA (en pharmacologie). Nous avons 8 chargés de recherche, tous à l'IRSH. Dans de telles conditions, comment arriver à répondre solidement aux défis de la mondialisation dans l'univers concurrentiel de l'économie du savoir ? Quelles retombées peut-on espérer avoir en matière de recherche lorsque les ressources humaines sont si insuffisantes ? Comment relever qualitativement le niveau d'encadrement de la recherche au sein des différents Instituts ?
Face à ces problèmes majeurs, nous sollicitons du Conseil d'Administration que des mesures radicales soient prises, pour :

1. Stopper les recrutements. Nous attendons que tous les dossiers en attente d'intégration aboutissent pour programmer de nouveaux recrutements sur des bases plus objectives d'un point de vue strictement scientifique.

2. Amener les Instituts à programmer les recrutements sur la base des projets des programmes et projets de recherche et sur la base des évolutions scientifiques dans les différentes disciplines. Une telle démarche va permettre de relever le niveau de recrutement en sélectionnant les meilleurs dossiers et en diversifiant les spécialités.

3. Construire une dynamique de recrutement permettant de placer la barre strictement au niveau doctorat.

11. Construire une dynamique de programmation de la recherche

Jusqu'ici, chaque institut effectuait ses recherches de manière isolée. Tout le monde s'accorde aujourd'hui pour reconnaître que les recherches menées au CENAREST, qui n'ont jamais subi un tamisage par une structure de sélection et dont les résultats n'ont par ailleurs jamais fait l'objet d'une évaluation (à l'exception des projets financés par les partenaires comme l'UE, par exemple) sont souvent restées dans les tiroirs. Face à cette situation terrible, nous avons, très vite mis sur pied, en interne bien sûr, un Conseil scientifique, pour sélectionner les différents projets à partir de critères plus objectifs et examiner les thématiques de recherche en fonction des priorités retenues par le

Gouvernement et les opérateurs économiques. Nous avons donc enclenché, en 2008, une dynamique pour amener les Instituts à définir des projets multidisciplinaires qui intègrent des chercheurs d'instituts et de spécialités différentes. Cette dynamique amène aussi à impliquer des laboratoires des universités dans le cadre de collaborations scientifiques localisées.

12. Assainissement progressif des problèmes liés à la gestion de la main d'œuvre non permanente

Comme indiqué ci-dessus, les effectifs de la main d'œuvre sont pléthoriques. La masse salariale plus les charges y relatives (notamment la CNSS) couvrent une part très importante du budget de fonctionnement puisqu'il faut trouver, sur place, des ajustements pour compléter les 139.000.000 FCFA que l'Etat alloue au paiement des salaires. Je rappelle encore que pour l'exercice 2008, le budget du Commissaire Général a été amputé de 60% et ceux des Instituts de 40% pour constituer un fonds mutualisé dédié aux salaires et aux primes mensuelles.
Puisqu'il s'agit d'une question sociale sensible, nous l'avons inscrite comme priorité. Je voudrais attirer l'attention des commissaires pour dire combien nous avons fait d'énormes sacrifices pour arriver à l'augmentation des salaires depuis le mois d'août à travers la création d'une prime d'ancienneté. Le document en annexe 20 présente l'état des salaires du mois de septembre 2008 (un an plus tard), alors que le document en annexe 21 montre les écarts annuel des salaires pour les salariés en poste en septembre 2007. Ce document montre très clairement une augmentation des salaires dont le coût global se situe à 10% de la masse salariale globale.
Mesdames et Messieurs, la question des salaires représente un enjeu majeur dont le Conseil d'administration doit adopter des recommandations fortes allant dans le sens d'une redéfinition claire des professions et, en conséquence, des salaires. Que signifie « la main d'œuvre villageoise ? » Quels sont les effectifs que le Conseil autorise ?
Pour notre part, et je voudrais ici rendre un hommage appuyé à notre regretté DAF M. Armand MBA ONDO, nous avons construit une dynamique qui a permis d'intégrer, dans la Main d'œuvre non permanente de l'Etat 26 agents en 2008. Si nous avons la possibilité de bénéficier de cette faveur en 2009 et les années suivantes, il sera possible d'intégrer tous les agents et d'arriver à régler tous les problèmes

y relatifs. A ce moment, les 139.000 000 FCFA dédiés à la main d'œuvre villageoise pourront avoir toute leur signification en ce qu'ils vont être utilisés pour soutenir les activités de recherche sur le terrain. Dans cette attente, et pour régler la question des disparités de salaires et coller à l'enveloppe allouée par l'Etat, nous soumettons au Conseil avec l'espoir qu'il l'adopte, une nouvelle grille des salaires, plus conformes aux textes en vigueur. Il convient, cependant, de bien préciser que cette nouvelle grille, si elle est adoptée et mise en œuvre, est susceptible de créer des mécontentements chez les salariés. Nous souhaitons donc que le Conseil examine cette grille en tenant compte de tous les contours du problème.

13. Finaliser, dans la mesure du possible, certains chantiers

Nous avons pu amener à leur terme, les travaux de construction du bâtiment de l'IRAF dont l'inauguration est prévue dans quelques semaines. Nous avons aussi pu réhabiliter la station de recherche de NDOUANIANG (IRAF) dont les activités ont repris cette année. Deux études ont aussi été réalisées pour la construction d'un bâtiment polyvalent (LF 2007), la construction de la clôture de l'arboretum de Sibang (LF 2008). Avec les 30 millions dédiés aux études pour la construction du bâtiment de l'IRSH, nous avons relancé les activités de construction étant entendu que lesdites études avaient déjà été réalisées (un sous-bassement est visible).

C. ETAT D'AVANCEMENT DES RECOMMANDATIONS DU 4EME CONSEIL D'ADMINISTRATION (AOUT 2007)

Pour conclure cette rapide présentation de la dynamique mise en œuvre au CENAREST depuis une année (de septembre 2007 à septembre 2008), il me plaît d'esquisser une évaluation de l'état d'avancement des recommandations du quatrième conseil d'administration tenu en août 2007 :

- **Au plan juridique et réglementaire :**

1. En vue de l'actualisation du décret 322/PR/MRSEPN du 09 avril 1977, portant organisation du Centre National de la Recherche Scientifique et Technologique (CENAREST), le Ministère de tutelle a pré-

paré de nouveaux textes qui sont actuellement à l'étude au Comité Consultatif de la Fonction Publique.
2. A ce jour, l'activation du Conseil Interministériel pour la Recherche (CIMIR) n'a pas été réalisée.

3. La tenue de deux (2) conseils d'administration par an reste une perspective qui pourrait être mise en œuvre dès 2009. Nous proposons ici qu'il se tienne un conseil à la fin de chaque semestre.

4. Un Coordonnateur Scientifique et Technique (CST) a effectivement été nommé et son activité fort appréciée. La nomination d'un directeur de recherche est toujours attendue même si nous pensons qu'il s'agit là d'une perspective totalement inutile dans la configuration actuelle du CENAREST.

5. L'élaboration et la finalisation du projet de statut du chercheur trouvent une nouvelle visibilité dans les nouveaux textes préparés par le Ministère.

- **Au plan de la gestion des Ressources humaines**

6. Encourager les Responsables du CENAREST à poursuivre la politique de formation et de recrutement en optimisant l'adéquation entre les besoins en personnels du CENAREST et ses missions. Il s'agit ici d'une perspective dont nous attendons des mesures fortes des présentes assises du Conseil d'Administration.

7. La question du moratoire pour la mise en stage des chercheurs se pose toujours avec autant d'acuité.

- **Au plan de la programmation de la recherche**

8. La mise en œuvre de l'actuel schéma directeur de la recherche par les acteurs impliqués dans le domaine, en vue de l'élaboration du plan stratégique national de la recherche, est encore et toujours un vaste chantier à venir, qui va nécessiter d'importants moyens.

Au plan de la gestion des budgets

9. L'inscription d'une ligne budgétaire dédiée aux dépenses liées à l'organisation des conseils d'administration. C'est encore un vœu pieu au regard des budgets 2008 et des prévisions 2009.
10. L'inscription d'une ligne budgétaire affectée aux dépenses liées à l'audit du CENAREST. La question de l'Audit du CENAREST est restée sans réponse en 2008 étant entendu que nous n'avons enregistré aucun financement pour la mise en œuvre des activités prévues.

11. L'établissement d'une comptabilité analytique faisant ressortir les budgets alloués au financement de la recherche. Nous avons acheté une application informatique qui règle définitivement cette question.

Au plan de la coopération scientifique

12. L'ouverture du CENAREST est aujourd'hui, plus que jamais, une réalité. A travers notre nouveau site web bilingue et à travers les différentes publications scientifiques et les différentes conventions de partenariats, le CENAREST est visible à l'international en tant qu'institution scientifique solide.

13. Le CENAREST bénéficie depuis plusieurs mois des compétences du Professeur Jean-Marie HOMBERT, de l'Université Lumière Lyon 2 et ancien Directeur au CNRS. Il a réalisé, à titre bénévole, deux missions d'encadrement en faveur du CENAREST. Il a aussi initié un travail d'audit interne du CENAREST avec l'ensemble des Directeurs et leurs Adjoints mais aussi avec tous nos partenaires internationaux, notamment la Coopération française, pour trouver, à court terme, des solutions qui permettront de renforcer les capacités des chercheurs gabonais.

2. CONCLUSION ET PERSPECTIVES

Mesdames et Messieurs les Commissaires, dans mon bilan après une année de fonction à la tête du CENAREST, j'ai voulu vous montrer toute l'ambition et toute la volonté que je peux avoir en tant qu'universitaire concerné par définition par l'avenir du CENAREST. J'espère avoir pu vous convaincre quant à la nécessité de nous maintenir votre confiance pour mener à bien les réformes de l'Institution

conformément aux orientations que ce Conseil aura retenues et aux décisions du Gouvernement de la République.
En plus des questions citées plus haut pour lesquelles nous attendons un soutien franc du Conseil d'Administration, j'ai le devoir de vous transmettre les souhaits des chercheurs que j'ai réunis il y a quelques jours afin de connaître leurs attentes, étant entendu que le texte qui préside à l'organisation du Conseil d'Administration ne prévoit pas la présence d'un représentant des chercheurs parmi les Commissaires. Tous les chercheurs consultés sont unanime pour solliciter la création, par décret présidentiel, d'un Conseil scientifique au CENAREST. Ils souhaitent également que soient mises en place des structures d'évaluation des chercheurs et des Directeurs d'instituts ainsi qu'un Comité de pilotage, seul organe compétent pour suivre l'exécution des projets de recherche et, bien sûr, la gestion des finances qui y sont associées. Les chercheurs ne demandent qu'à donner le meilleur d'eux-mêmes pour être utiles au pays. Cela suppose, comme ils le disent tous, plus de structures et plus de moyens humains et matériels.

Mesdames et Messieurs les Commissaires, si le Centre National de la Recherche Scientifique et Technologique (CENAREST) existe depuis le milieu des années 70, son importance est encore plus nécessaire aujourd'hui, à un moment où on parle de développement durable, un concept fondamental pour les pays africains. Comme on le sait, l'urgence aujourd'hui est de trouver, à travers une recherche pertinente, des solutions aux problèmes qui minent le continent et coller aux exigences du développement durable, c'est-à-dire, ce développement qui répond aux besoins des générations du présent sans compromettre la capacité des générations futures de répondre aux leurs.

Parce qu'il faut apporter des solutions urgentes, à l'agriculteur, à l'artisan, à l'industriel, etc. Parce qu'il faut répondre efficacement aux attentes des différents ministères de notre Gouvernement pour apporter des solutions pratiques et pragmatiques en matière de santé, d'éducation, de gestion, de préservation de l'environnement et de maîtrise du fait urbain dans notre pays, le CENAREST doit nécessairement descendre dans l'arène sociale, économique, écologique pour apporter des solutions durables.

Sur cette base, mon action, depuis une année, a consisté à redynamiser "la maison", à amener les Instituts à définir et mettre en œuvre des programmes multidisciplinaires et transversaux. Par rapport à cet aspect, je pense notamment à la question de la gestion des parcs nationaux pour mieux répondre à l'ambition du Président de la République, Chef de l'État, qui a consacré 11 % du territoire pour la création de 13 parcs nationaux. Sur cette question, il s'agit d'arriver à l'adéquation entre l'intérêt des populations qui habitent dans et autour de ces parcs nationaux et le souci de préserver ces espaces. Je vais insister sur la dynamique des programmes de recherche et je vais amener les chercheurs à optimiser leur énorme potentiel : la place du chercheur est sur le terrain, dans un laboratoire ou dans les conférences internationales, parce qu'il a la responsabilité d'être à tout moment présent dans les débats scientifiques de sa communauté.

Je vais à présent, pour terminer, revenir sur deux autres priorités majeures que je souhaite inscrire dans mon mandat, à savoir, le recrutement des chercheurs et la publication de leurs travaux. Un recrutement de qualité entraîne nécessairement une recherche qualitative, avec des résultats significatifs. Mon équipe et moi-même sommes dans une phase de conceptualisation de nouvelles mesures pour identifier les meilleurs dossiers et les meilleurs partenaires. Tout recrutement d'un chercheur ne va plus dépendre du seul Institut sollicité, mais de l'examen minutieux de chaque dossier par un organe approprié, en tenant compte des réalisations emblématiques et des corpus de connaissances qui peuvent s'imposer aujourd'hui comme solutions aux problèmes de développement de nos pays. Sur cet aspect, comme d'ailleurs pour tous les autres, je sollicite votre bénédiction pour nous permettre d'élargir la vision à l'ensemble de la CEMAC pour identifier les talents, les meilleurs. Je souhaite aussi, parce que j'inscris mon action dans une coopération et une collaboration forte avec l'Université, aller à la source pour détecter les chercheurs en herbe afin de mieux les intégrer, les orienter et garantir ainsi, un renouvellement efficient des ressources humaines. Je sollicite encore du Conseil d'administration, l'autorisation de mettre en œuvre un programme de financement des thèses de doctorat et des Masters dans nos domaines de compétence. Tout cela, bien sûr, si l'Etat nous alloue les financements sollicités.

S'agissant des publications, nous avons créé et mis en œuvre les "Éditions du CENAREST", une structure d'édition scientifique, qui permet déjà aux chercheurs nationaux, à ceux de la sous-région CEMAC et, bien sûr, à tous ceux de l'ensemble du continent, de pouvoir publier le résultat de leurs recherches chez un éditeur de qualité. A ce jour, et après 10 mois d'existence, le catalogue des Editions du CENAREST comprend près de dix titres en vente. Nous avons aussi lancé la revue numérique SCIENCESUD qui est visitée par des centaines d'internautes chaque jour. Bien sûr, nous allons aussi renforcer les revues des différents Instituts (comme la revue de l'IRSH) pour garantir la diversité ; l'important pour un chercheur étant d'être lu (bien sûr après évaluation et appréciation par les pairs).

En définitive, que le CENAREST soit réformé, cela va sans dire. Mais, la réforme du CENAREST doit être l'affaire de tous ; elle doit se fonder sur une vision claire du rôle de la recherche dans notre pays et des moyens financiers que l'Etat voudra y consacrer. Cette réforme doit être plurielle puisqu'elle devra résulter d'une consultation élargie. Cette réforme doit être placée loin des conflits d'intérêts, cette dernière remarque est fondamentale.

Pour ma part, si je devais apporter une bien modeste contribution au débat sur l'avenir du CENAREST, j'orienterais mon propos vers une plus grande dynamique de l'Institution basée sur la gestion d'un fonds national de recherche (on peut imaginer que l'Etat alloue 3% du PIB à la recherche). Sur cette base, et en partant des besoins clairement exprimés par le Gouvernement, le CENAREST ou la structure qui naîtra de la réforme en cours, procéderait à des appels d'offres ouverts aussi bien aux Instituts du CENAREST actuel qu'aux laboratoires des Universités et même aux centres privés de recherche. Il est crucial, Mesdames et Messieurs les Commissaires, que tout le monde comprenne une fois pour toutes qu'il n'y a pas une recherche spécifique aux universités et une autre, spécifique aux instituts de recherche. Il serait alors plus aisé pour le CENAREST de coordonner la recherche nationale et de rendre compte, devant l'Etat, des avancées scientifiques dans notre pays. De notre point de vue, la meilleure voie, qui amènera à une gestion équilibrée des moyens financiers, matériels et humains, c'est la mise en place d'Unités Mixtes de Recherche (UMR) dans lesquelles des enseignants chercheurs et des chercheurs seront associés autour de projets communs. De notre point de vue, c'est la principale voie de bon sens et la meilleure voie d'avenir pour notre recherche scientifique. Je voudrais ajouter que cette solution va permettre de régler la question du niveau d'encadrement insuffisant dans les Instituts de recherche qui ne possèdent pas, trente et un ans plus tard, de directeurs de recherche. La mise en place d'unités mixtes de recherche amènera à désigner des enseignants de rang magistral (Maîtres de conférences et Professeurs titulaires) et des chercheurs de haut niveau (maîtres de recherche et Directeurs de recherche) à la tête de chaque UMR, pour encadrer la recherche.

Mesdames et Messieurs les Commissaires, le monde change, le monde bouge, alors nous devons nous aussi bouger. Le défi africain de ce millénaire naissant est de tout mettre en œuvre dans nos Etats, face à toutes ces crises, la crise économique, la crise financière, la crise énergétique, la crise alimentaire … pour trouver des solutions endogènes permettant de remettre notre continent sur les rails du développement. L'Afrique doit trouver des solutions endogènes pour se développer. Cela passe forcément par une appropriation et une élaboration des outils de développement. Or, comme nous le savons tous ici, c'est exactement le rôle crucial de la recherche science scientifique et plus globalement, la science et la technologie.

Je vous remercie.

Prof. Daniel Franck IDIATA

ANNEXE 4

REGLEMENT DU PRIX CENAREST DE LA RECHERCHE SCIENTIFIQUE ET TECHNOLOGIQUE

Créé en 2008 par arrêté du Commissaire Général du CENAREST

Article 1 – Objet du prix

Le Prix CENAREST de la Recherche Scientifique et Technologique, de l'Invention et de l'Innovation est organisé par le Centre National de la Recherche Scientifique et Technologique. Le Prix CENAREST a pour but de :

- valoriser, promouvoir et rendre accessibles les travaux de recherche menés dans notre pays ;
- primer les meilleurs chercheurs, inventeurs et innovateurs du Gabon ;
- valoriser les recherches conduites dans les Instituts et laboratoires de recherche du Gabon ;
- éveiller, auprès des jeunes, un intérêt à poursuivre des études supérieures ;
- démontrer au grand public les intérêts, avantages et retombées économiques et sociales de la Recherche ;
- susciter des partenariats entre les entreprises et le milieu de la Recherche.

Article 2 - Eligibilité des travaux

Ce concours est entièrement gratuit. Il est ouvert aux chercheurs et enseignants chercheurs des Universités et Grandes Ecoles du Gabon, ainsi qu'aux auteurs, inventeurs et innovateurs du Gabon, de l'Afrique et du reste du monde, à la condition que les travaux présentés portent sur le développement du Gabon.

La participation des candidats au Prix CENAREST de la Recherche Scientifique et Technologique peut se faire par équipe ou de façon individuelle. Les équipes concurrentes devront mentionner dans leur dossier les noms, prénoms et adresses de chaque participant ainsi que les noms et adresses de leur École ou de leur Établissement Universitaire. Le Comité organisateur se réserve le droit de vérifier l'identité des concurrents et leur inscription dans l'École ou l'Établissement Universitaire mentionné dans leur dossier d'inscription.

Les participants devront déposer leur dossier au plus tard le **31 mai de chaque année**. Pour participer au concours du Prix CENAREST, les candidats trouveront les renseignements nécessaires sur le site web du CENAREST ou en contactant le Comité d'organisation au siège du Commissariat Général du CENAREST sise à Gros Bouquet.

Article 3 - Dépôt des candidatures

Le dossier de candidature devra être déposé obligatoirement au siège du Commissariat Général du CENAREST, sous la mention Prix CENAREST, avec l'ensemble des formulaires requis.

Le dossier de présentation du candidat consiste en un texte de 15 pages maximum, clair, précis et dactylographié incluant les illustrations (plans, dessins, photographies, schémas, graphiques, projet, publication, etc.) et un résumé, en français de 10 lignes, de l'étude (interligne simple).

En outre, il comprend les pièces suivantes :

- une attestation de présence au poste pour les chercheurs et enseignants chercheurs ;
- une attestation du responsable de laboratoire attestant de l'implication du candidat aux activités de recherche ;
- une fiche signalétique, en cinq exemplaires, qui pose, d'une part la problématique en français, de manière claire et concise, et d'autre part, la pertinence du travail (publication, découverte ou innovation, projet de recherche) au regard des impacts pour le développement socio-économique, culturel, politique et technologique du Gabon ;
- (pour les inventeurs) une fiche signalétique décrivant l'invention, sa faisabilité technique et financière, ainsi que son potentiel ou retombée économique, social, culturel et technologique pour le développement du Gabon.

Dans le cas d'une publication, le candidat indiquera les références et adjoindra au dossier, cinq exemplaires de ladite publication.

Dans le cas d'une découverte (ou innovation) et une invention, le candidat peut justifier son projet d'une attestation de l'Organisation Africaine de la Propriété Intellectuelle (OAPI) de dépôt de l'invention.

Dans le cas d'un projet de recherche, le candidat en dégagera la pertinence innovante au regard des enjeux de développement du Gabon et respectera les standards internationaux de présentation des projets de recherche (CEMAC et autres organisations).

Les candidats chercheurs et enseignants-chercheurs peuvent concourir pour deux catégories au maximum, à condition de remplir les critères énumérés ci-dessus.

Enfin, les inventeurs participent uniquement à la catégorie Invention.

Article 4 – Catégories du Prix CENAREST de la Recherche Scientifique

Les propositions de candidatures sont triées selon les catégories suivantes :

	Catégories	Natures
1	Sciences de la Santé	Publications (articles et ouvrages), découvertes, projets de recherche.
2	Lettres et Sciences Humaines	Publications, découvertes et projets de recherche
3	Sciences Economiques, Droit et Sciences de Gestion	Publications, découvertes, projets de recherche
4	Sciences Expérimentales	Publications (articles et ouvrages), découvertes, projets de recherche.
5	Mathématiques, Physique, Informatique et Technologies	Découvertes, Innovation.
6	Invention	Découvertes et Innovation.
7	Vote du Public	Le(s) meilleur(s) projet(s) des catégories 1-6

Article 5 - Déroulement du concours

Pendant le déroulement du concours, les candidats sont tenus de prendre part au Salon de vulgarisation et de promotion de la recherche, pour présenter au public leur découverte ou innovation, publication scientifique, projet de recherche et invention. Les modalités de présentation du projet sont à la charge des participants. Le Comité d'organisation met uniquement à la disposition des candidats, un espace de présentation.

Chaque candidat ou membre d'une équipe s'engage à fournir l'ensemble des documents nécessaires à ce concours, ainsi qu'à participer aux manifestations organisées dans le cadre de ce concours. Toute défection entraîne une disqualification du concurrent ou de l'équipe dans le cas d'une participation collective. Dans le cas où un candidat ou au moins la moitié des membres d'une candidature collective n'est pas présente pendant le déroulement du Salon de vulgarisation et de promotion de la recherche, sa candidature ou l'équipe candidate est automatiquement disqualifiée.

Article 6 – La structure des prix

Les lauréats du Prix CENAREST se verront décerner l'un des prix suivants :

A. Les grands Prix

1. Le « GRAND PRIX OMAR BONGO ONDIMBA »

Ce prix est la plus haute distinction, avec une valeur de **100.000000 de Francs CFA**. Ce prix est décerné par le Jury à une ou plusieurs éminentes personnalités scientifiques gabonaises ou étrangères dont le champ d'expérimentation et/ou d'investigation est le Gabon ; et dont la pertinence des travaux pour la résolution d'un problème de développement, a été reconnue aux niveaux national et international.

2. Le « Prix de l'Invention et de l'Innovation Technologique OMPI »

Ce prix, décerné au nom de l'Organisation Mondiale de la Propriété Intellectuelle (OMPI), récompense la meilleure invention.

3. Le « Prix de l'Invention et de l'Innovation Technologique OAPI »

Ce prix, décerné au nom de l'Organisation Africaine de la Propriété Intellectuelle (OAPI), récompense une invention jugée pertinente pour la résolution d'un problème de développement.

B. Les prix disciplinaires

4. Prix Sciences de la Santé « Prix Albert Schweitzer »

Ce prix vise à récompenser ou à encourager des travaux de chercheurs ou d'équipes de chercheurs dans le domaine des sciences médicales, pharmaceutiques ou vétérinaires.

5. Prix Lettres et Sciences Humaines « Prix Daniel Lambert NGWA OBAME »
L'objectif de ce prix, doté d'une enveloppe de **1.500.000 FCFA**, est de distinguer un chercheur ou groupe de chercheurs qui, par ses (leurs) travaux, contribue(nt) à une évolution significative des méthodes ou des approches en sciences humaines et sociales. Cette définition suppose que les travaux de ce chercheur (ou groupe de chercheurs) aient acquis une forte visibilité internationale et qui dépasse les frontières de sa propre discipline. Ainsi, il s'agit d'un prix pour les sciences humaines et sociales en général et non d'un prix dédié à une discipline en particulier. Une attention particulière est accordée à la thématique de développement durable des populations.

6. Prix Droit, Sciences Economiques et de Gestion
Ce prix récompense une ou plusieurs personnes pour leur contribution exceptionnelle en Droit, en Sciences Economiques ou en Sciences de Gestion, à la condition que lesdits travaux portent sur le développement du Gabon.

7. Prix Sciences Expérimentales
Ce prix récompense les meilleurs travaux de recherche effectués en chimie, géologie, botanique et biotechnologies.

8. Prix Mathématiques, Physique, Informatique et Technologies
Ce prix récompense les meilleurs travaux de recherche effectués en Mathématiques, en Informatique et en Innovations Technologiques.

Article 7 – Critères d'évaluation
Les candidats sont présélectionnés par une Commission scientifique qui retiendra trois candidats par catégorie. L'évaluation de la Commission scientifique respectera les critères suivants :

- Contribution à la résolution d'un problème de recherche ou d'une situation sociale ;
- Caractère innovant du projet ;
- Implication des acteurs concernés, des parties prenantes ;
- Coût global de réalisation (pour les projets technologiques par exemple) ;

- Faisabilité du projet ;
- Degré d'aboutissement du projet ;
- Impact au développement économique, social, culturel ou politique du pays.

Un jury évaluera les candidats présélectionnés au regard des critères énoncés ci-dessus.

Article 8 – Commission scientifique

Pour chaque discipline, la Commission scientifique est composée de trois membres issus d'horizons disciplinaires différents est nommés par décision du Commissaire Général du CENAREST, après avis du Représentant de l'UNESCO au Gabon. Cette Commission scientifique a pour mission d'évaluer et de présélectionner les candidatures conformément au présent règlement.

Article 9 – Jury

Nommé par décision du Commissaire Général du CENAREST, le jury du PRIX CENAREST, un jury par discipline. Il est composé des trois personnalités de référence choisies pour leur expérience avérée.

Sur convocation du Commissaire Général du CENAREST, les jurys examineront à la date indiquée, chacun des dossiers présélectionnés par la Commission scientifique. Les décisions des jurys, prises en présence d'un Huissier de justice, ne peuvent faire l'objet d'aucune contestation et n'ont pas à être motivées. L'attribution des prix se fait à la majorité simple du jury qui est présidé par une personnalité scientifique, politique, culturelle ou économique de renommée nationale ou internationale.

En outre, le jury se réserve le droit de ne pas attribuer de prix, si aucun des dossiers reçus ne remplit les conditions exigées dans le cadre de l'évaluation.

L'attribution du prix se fait à la majorité simple d'un jury composé par arrêté du Commissaire Général, sur proposition du Comité d'organisation.

Le jury est présidé par le Représentant-Résidant de l'UNESCO au Gabon.

Article 10 – Déclaration des résultats
Les résultats du concours sont dévoilés publiquement au cours d'une cérémonie solennelle présidée par le Ministre en charge de la Recherche Scientifique ou son représentant.

Article 11 - Restitution des travaux de recherche
Les travaux, œuvres de recherche et divers documents communiqués aux organisateurs du concours seront restitués aux participants qui en expriment la demande.

Article 12 - Acceptation du règlement
Le dépôt de candidature à ce concours vaut acceptation du présent règlement.
Article 13 - Accès au règlement
Il est possible de télécharger le règlement du Prix CENAREST sur le site Internet du CENAREST (www.cenarestgabon.com).

Article 14 - Force majeure et annulation du concours
En cas de force majeure (grève, attentat, retrait de l'ensemble ou partie des partenaires, ...), les organisateurs du concours se réservent le droit d'annuler ou de reporter la remise des prix.

Article 15 - Utilisation des travaux de recherche
Le Comité d'organisation du Prix CENAREST se réserve le droit de citer et de communiquer sur tout ou partie des projets gagnants, sans indemnité autre que les prix distribués.

Article 16 - Droit à l'image
Les événements liés au déroulement et aux manifestations du Prix CENAREST feront l'objet de médiatisation par tous les moyens possibles. La participation au Concours implique l'acceptation par le/les candidats du présent règlement et l'autorisation donnée au CENAREST d'utiliser les noms cités et les images pour les besoins de la relation publique des événements du Prix CENAREST.

Article 17 - Litige et modification du règlement
Tout litige pouvant intervenir dans l'interprétation du présent règlement sera tranché sans appel par le Conseiller Juridique du CENA-

REST. Le présent règlement pourra être modifié et complété sans avis préalable par le Comité d'organisation du Prix CENAREST. Toute modification éventuelle sera annexée au présent règlement et mise en ligne sur le site Web du CENAREST.

Article 18 – Accès à l'information

Les candidats disposent d'un droit d'accès, de rectification et de radiation aux données personnelles. Si un candidat souhaite exercer ce droit, il devra contacter le Comité d'organisation.

Article 19 – Application et responsabilité du règlement

Le Conseiller Juridique du Commissaire Général du CENAREST est responsable de l'application du présent règlement.

ANNEXE 5

PROPOSITION DE TEXTE DE LOI PORTANT ORIENTATION ET PROGRAMMATION DE LA RECHERCHE SCIENTIFIQUE EN REPUBLIQUE GABONAISE

LOI D'ORIENTATION ET DE PROGRAMMATION DE LA RECHERCHE SCIENTIFIQUE ET LE DEVELOPPEMENT TECHNOLOGIQUE EN REPUBLIQUE GABONAISE

Loi N° XXXX

Portant orientation et programmation de la recherche scientifique et le développement technologique sur la période 2015-2025

Le Président de la République, Chef de l'Etat,
Vu la Constitution ;
Après avis du Conseil d'Etat,
Après adoption par le Parlement,

Promulgue la loi dont la teneur suit :

TITRE I
DISPOSITIONS GENERALES

Article 1er. La présente loi prise en application des dispositions de la loi N° 21/2011 du 14 février 2012 portant orientation générale de l'Education, de la Formation et de la Recherche en République gabonaise détermine l'orientation et la programmation de la recherche scientifique et le développement technologique en République gabonaise sur la période 2015-2025.

Article 2. La recherche scientifique et le développement technologique visent le développement économique, social, culturel, scientifique et technologique du pays.
Les principaux objectifs de la recherche scientifique et du développement technologique projetés pour la décennie 2015-2025 sont, notamment :

- le développement de l'agriculture ;
- le développement de la gestion durable de la forêt ;
- le développement de la pêche et de l'aquaculture ;
- le développement des infrastructures (routes, autoroutes, routes à double sens, ports, aéroports et chemins de fer) ;

- la recherche approfondie sur la mémoire et l'histoire du peuplement du Gabon et plus globalement sur les cultures et civilisations bantu ;
- la protection et la mise en valeur du patrimoine naturel, culturel et biologique national ;
- l'épanouissement de la jeunesse ;
- le développement du sport ;
- le développement et la promotion de l'industrie agroalimentaire ;
- l'exploration du sol, du sous-sol, des mers, de l'atmosphère et l'évaluation de leurs ressources ;
- le développement et la promotion de l'emploi ;
- le développement et la protection des ressources hydriques, notamment pour l'irrigation, le drainage, l'assainissement et l'alimentation en eau ;
- le développement et la promotion de l'habitat, de la construction et de l'urbanisme ;
- la promotion du développement industriel et minier ;
- la production, la conservation, la distribution, l'utilisation rationnelle et la diversification des sources de l'énergie ;
- le développement des moyens de transport et de communication ;
- le développement du système d'éducation, d'enseignement et de formation, notamment en améliorant la qualité de la formation ;
- le développement de la société d'information ;
- la promotion de la bonne gouvernance ;
- le développement des systèmes d'information et de télécommunications ;
- le développement et la promotion de la santé ;
- la protection de l'environnement, la lutte contre les gaz à effet de serre, la conservation de la nature, de la biodiversité, de l'équilibre biologique et la promotion du développement durable ;
- la promotion générale des connaissances ;
- le développement et l'application des sciences et des technologies ;
- le développement et l'application des technologies spatiales ;

- le renforcement des capacités de défense et de sécurité nationale ;
- la prévention des risques naturels et technologiques majeurs ;
- la promotion et le développement des sciences sociales et humaines ;
- la promotion de la qualité de la production nationale ;
- le développement local et le bien-être de la population ;
- le développement et la promotion des villes.

TITRE II
PROGRAMMATION NATIONALE DES ACTIVITES DE RECHERCHE SCIENTIFIQUE ET DU DEVELOPPEMENT TECHNOLOGIQUE

Article 3. Pour atteindre les objectifs fixés à l'article 3 ci-dessus, les programmes nationaux de recherche pour la période décennale 2015-2025 sont fixés comme suit :

- agriculture et agro-industries ;
- aménagement du territoire ;
- biotechnologie ;
- communication ;
- décentralisation.
- économie ;
- éducation et formation ;
- énergies renouvelables ;
- environnement et promotion du développement durable ;
- état de droit et justice ;
- exploration, exploitation et transformation des matières premières ;
- forêts ;
- gaz et terres rares ;
- habitat, construction et urbanisme ;
- hydrocarbures ;
- jeunesse et sports ;
- mines ;
- langues et cultures ;
- pêche et aquaculture ;
- population et société ;

- préhistoire, archéologie, géologie et histoire ;
- prévention des catastrophes naturelles et protection contre les risques majeurs ;
- ressources en eau ;
- santé humaine et animale ;
- sciences fondamentales ;
- sciences humaines et sociales ;
- technologies de l'information et de la communication ;
- technologies industrielles ;
- technologies spatiales et leurs applications ;
- transports urbains et interprovinciaux ;
- travaux publics ;
- valorisation des matières premières.

Article 4. L'ordre de priorité des programmes nationaux de recherche cités à l'article 3 ci-dessus est fixé par le CNEFOR.

TITRE III
ORGANISATION ET MOYENS INSTITUTIONNELS

Article 5. Il est créé une Agence Nationale de la Recherche Scientifique (en abrégé ANR) placée sous la tutelle du ministre chargé de la recherche scientifique et doté de l'autonomie de gestion. L'ANR est chargée de l'évaluation stratégique de la politique nationale de recherche et du financement des activités de recherche dans le cadre de partenariats public-privé.
Les missions et l'organisation de cet organe sont fixées par voie réglementaire.

Article 6. Pour le financement des activités de recherche scientifique, il est créé un Fonds National de la Recherche Scientifique (en abrégé FNR). Placé sous la tutelle des Ministres en charge de la recherche scientifique et du budget.
Les missions, l'organisation et le fonctionnement du FNR sont fixés par voie réglementaire.
Article 7. Il peut être créé, au sein des établissements d'enseignement et de formation supérieurs, des établissements hospitalo-universitaires, des établissements de recherche scientifique, des agences des services

communs destinés au regroupement des compétences et des équipements scientifiques, des équipes de recherche, des unités mixtes de recherche au sein de laboratoires de recherche, pour la conduite des projets de recherche.
Les modalités de création et de fonctionnement de ces structures sont fixées par voie réglementaire.

TITRE IV
DISPOSITIONS FINANCIERES

Article 8. Pour atteindre les objectifs de la recherche scientifique et du développement technologique fixés pour la période décennale 2015-2025, le budget annuel de l'Etat va consacrer 3% des crédits à la recherche scientifique. Ces crédits seront mis à la disposition du Fonds National de la Recherche.
Les modalités de financement des projets de recherche par le Fonds National de la Recherche sont fixées par voie réglementaire.

TITRE V
DEVELOPPEMENT DES RESSOURCES HUMAINES

Article 9. Les activités de recherche scientifique et de développement technologique sont exercées par des chercheurs à temps plein et/ou des chercheurs à temps partiel recrutés sur contrat à durée déterminée, principalement, parmi les personnels enseignants-chercheurs et chercheurs de l'enseignement supérieur.

Article 10. Les droits et obligations des chercheurs permanents et du personnel de soutien à la recherche sont régis par un statut particulier.
Les conditions de recrutement et d'exercice des chercheurs à temps partiel sont fixées par voie réglementaire.

Article 11. Le statut particulier prévu à l'article 10 ci-dessus ainsi que les textes régissant l'activité des chercheurs garantissent l'indépendance de la démarche scientifique, la liberté d'analyse, l'accès à l'information, la mobilité, la participation à la diffusion du savoir et à la formation permanente, notamment par la participation aux rencontres scientifiques.

Le statut particulier garantit un suivi de carrière ainsi que les conditions les plus pertinentes en matière d'emploi, de rémunération et d'encouragement tout en consacrant l'obligation de résultats.

TITRE VI
DISPOSITIONS PARTICULIERES ET FINALES

Article 12. Les dispositions de la présente loi, autres que celles relatives au financement des programmes nationaux de recherche, demeurent en vigueur au-delà de la période décennale fixée par l'article 1er de la présente loi.

Article 13. La présente loi sera publiée au Journal officiel de la République gabonaise.

ANNEXE 6

PROPOSITION DE DECRET PORTANT CREATION, ORGANISATION ET FONCTIONNEMENT DE L'AGENCE NATIONALE DE LA RECHERCHE

Décret N° ________/portant création, organisation et fonctionnement de l'Agence Nationale de la recherche

Le Président de la République,

Vu la Constitution ;

Vu le Décret N° XXX fixant la composition du gouvernement de la République, ensemble les textes modificatifs subséquents,

Vu la Loi N° 1/2005 du 4 février 2005 portant statut général de la fonction publique,

Vu la Loi N° 20/2005 du 3 janvier 2006 fixant les règles de création, d'organisation et de gestion des services de l'Etat,

Vu la Loi N° 12/82 du 34 janvier 1983 portant organisation de tutelle de l'Etat sur les établissements publics, les sociétés d'Etat, les sociétés d'économie mixte et les sociétés à participation financière publique,

Vu la Loi N° 21/2011 portant orientation générale de l'Education, de la Formation et de la Recherche du 14 février 2012,

Vu la Loi N° XXXX portant orientation et programmation de la recherche scientifique et le développement technologique,
Le Conseil d'Etat consulté,

Le Conseil des Ministres entendu,

Décrète :

Article 1er. Le présent décret, pris en application des dispositions de la loi N° 20/2005 du 3 janvier 2006 susvisée, porte création et organisation de l'Agence Nationale de la Recherche Scientifique.

CHAPITRE PREMIER

DE LA CREATION ET DES MISSIONS

Article 2. Il est créé et rattaché à la Présidence de la République un établissement public à caractère administratif dénommé Agence Nationale de la Recherche, en abrégé : ANR, ci-après désignée l'Agence.

Article 3. L'Agence Nationale de la Recherche a pour missions de :
- financer et promouvoir le développement des recherches fondamentales, appliquées et finalisées, l'innovation et le transfert technologiques et le partenariat entre le secteur public et le secteur privé ;
- conclure tout partenariat avec des organismes, sociétés, fondations et, de manière générale, avec toute personne physique ou morale, étrangère ou gabonaise afin de promouvoir les orientations générales du gouvernement en matière de recherche scientifique et du développement technologique.

L'Agence peut recevoir des pouvoirs publics toute autre mission en rapport avec son domaine de compétence

Article 4. Pour accomplir ses missions, l'Agence Nationale de la Recherche peut notamment, dans le cadre des programmes de recherche et de développement technologique qu'elle met en œuvre :
- allouer des aides à des projets de recherche et de développement technologique présentés par les instituts et laboratoires de recherche des universités, écoles supérieures d'enseignement supérieurs et centre de recherche, sélectionnés par voie d'appel d'offres sur des critères de qualité scientifique et technique, en prenant en compte leurs objectifs sociaux, économiques et culturels ;
- faire des dotations en capital à des fondations de recherche reconnues d'utilité publique ;
- contribuer à l'élaboration et à la mise en œuvre d'accords de coopération scientifique internationale ;

- participer à des actions menées en commun avec des services de l'Etat, des collectivités locales ou d'autres organismes publics ou privés, gabonais ou étrangers.

CHAPITRE DEUXIEME
DE L'ORGANISATION

Article 5. L'Agence Nationale de la Recherche est placée sous la tutelle technique du Ministre chargé de la Recherche Scientifique.
Elle est dotée de la personnalité juridique et jouit de l'autonomie de gestion administrative et financière.
Elle a son siège à Libreville.

Article 6. L'Agence Nationale comprend :
- le Conseil d'administration,
- le Conseil scientifique,
- la Direction Générale,
- l'Agence Comptable.

SECTION I
DU CONSEIL D'ADMINISTRATION

Article 7. Le Conseil d'administration est l'organe délibérant et d'orientation de l'agence. Il est notamment chargé de :
- de fixer les orientations de la programmation scientifique de l'établissement et de la politique de financement des programmes de recherche, d'octroi et de gestion des aides,
- de fixer les règles relatives à l'organisation générale et au fonctionnement de l'agence, sur proposition du Directeur général,
- de fixer les règles générales de gestion du personnel et veiller à leur conformité avec la convention collective du secteur d'activités dont relève l'agence,
- d'approuver les statuts et le règlement intérieur,
- d'arrêter les décisions relatives à la rémunération et à l'octroi d'avantages au personnel,
- de définir les orientations en matière de financement de la recherche scientifique et le développement technologique, con-

formément aux orientations générales du gouvernement en matière de recherche scientifique et de développement technologique,
- d'arrêter les comptes de l'exercice, les programmes d'investissement et les budgets annuels,
- d'arrêter le montant des subventions ou avances à demander à l'Etat,
- d'approuver le règlement financier qui détermine le plan comptable et les procédures comptables,
- d'approuver tout compromis, transaction, acquiescement ou désistement de garanties immobilières et nantissement, les placements de fonds, les cautions, avals et émissions d'effets, la signature et la résiliation de contrats de bail ou d'assurances,
- d'autoriser la passation des marchés de toute nature dont le montant est supérieur à trente millions (30.000 000) de Francs CFA,
- d'autoriser toute acquisition, tous échanges, toutes cessions de biens et de droits immobiliers,
- d'autoriser les emprunts et accepter les dons et legs,
- de donner quitus de sa gestion au Directeur général et se prononcer sur les décharges de responsabilité et les remises de débets ;
- de se prononcer sur les questions qui lui sont soumises par son Président ou par le Ministre chargé de la Recherche scientifique.

Article 8. Le Conseil d'administration est composé de vingt-cinq (25) membres répartis comme suit :

- un (1) Représentant de la Présidence de la République ;
- un (1) Représentant de la Primature ;
- un Représentant du Secrétariat Général du Gouvernement ;
- un Représentant du Conseil Economique et Social ;
- un (1) Député ;
- un (1) Sénateur ;
- un (1) Représentant de la Chambre de Commerce et d'Industrie du Gabon ;

- un (1) Représentant du Ministère en charge de la Recherche Scientifique ;
- un (1) Représentant du Ministère en charge l'Enseignement Supérieur ;
- un (1) Représentant du Ministère en charge de l'Industrie ;
- un (1) Représentant du Ministère en charge du Commerce ;
- un (1) Représentant du Ministère en charge des Petites et Moyennes Entreprises ;
- un (1) Représentant du Ministère en charge de l'Agriculture ;
- un (1) Représentant du Ministère en charge de la Santé ;
- un (1) Représentant du Ministère en charge des Eaux et Forêts ;
- un (1) Représentant du Ministère en charge de la Culture ;
- un (1) Représentant du Ministère en charge du Budget ;
- un (1) Représentant de l'Agence Nationale des Parcs Nationaux ;
- un (1) Représentant de l'Agence Gabonaise d'Etudes et d'Observations Spatiales ;
- un Représentant du Patronat ;
- cinq (5) personnalités scientifiques de haut niveau choisies en raison de leurs compétences dans le domaine de la recherche et du développement technologique, nommées par arrêté du Ministre chargé de la Recherche. Leur mandat est de trois ans renouvelable une fois.

Article 9. Les membres du Conseil d'administration sont désignés par les administrations ou les organismes dont ils relèvent et nommés par décret pris sur proposition du Ministre chargé de la recherche.

Article 10. Le Conseil d'Administration est présidé par un Président, nommé par décret pris en Conseil des Ministre parmi les cinq person-

nalités scientifiques nommées par arrêté du Ministre en charge de la Recherche scientifique.
Le mandat du Président du Conseil d'administration est de cinq ans non renouvelable.

Article 11. Le Président du Conseil d'administration :

- contrôle l'exécution des décisions du Conseil d'administration,
- convoque celui-ci, garantit et fait respecter la légalité des débats, authentifie les procès-verbaux de séances et signe tous les actes établis ou autorisés par le Conseil,
- peut, en cas d'urgence et à titre conservatoire, exercer certains pouvoirs du Conseil d'administration,
- fait publier les annonces légales,
- exerce tous les pouvoirs qui lui sont délégués par le Conseil d'administration.

Article 12. Le Directeur Général et l'Agent comptable de l'Agence assistent de droit aux réunions, avec voix consultative.
Le Conseil d'Administration peut inviter à ses travaux, toute autre personne qualifiée.

Article 13. Le Conseil d'administration se réunit au moins deux fois par année calendaire, la première session ayant lieu obligatoirement en fin de premier semestre de l'année pour l'arrêté des comptes de l'exercice précédent, la seconde ayant lieu en fin de deuxième semestre pour l'examen du budget de l'exercice suivant.
Le Conseil d'administration se réunit sur convocation de son président qui fixe l'ordre du jour. Il est également convoqué par son président à la demande du Ministre chargé de la Recherche ou de la majorité des membres sur un ordre du jour déterminé.

Article 14. Le Conseil d'administration ne peut valablement délibérer que si la moitié plus un de ses membres ou de leurs représentants sont présents. Si le quorum n'est pas atteint, le Conseil est à nouveau convoqué avec le même ordre du jour dans un délai de dix (10) jours. Il délibère alors sans condition de quorum.

Article 15. Les délibérations sont adoptées à la majorité des voix des membres présents ou représentés, sauf pour ce qui concerne le règlement intérieur de l'établissement qui est adopté à la majorité absolue des membres du Conseil. En cas de partage égal de voix, celle du Président est prépondérante.

Article 16. Les décisions du Conseil d'administration sont constatées par des procès-verbaux de séance signés par le Président et le Secrétaire de séance.

Article 17. Le Secrétariat du Conseil est assuré par la Direction générale qui veille à l'organisation des séances et la conservation des archives.

Article 18. Interdiction est faite aux membres, sauf autorisation spéciale du Conseil de prendre ou de conserver un intérêt direct ou indirect dans une transaction passée avec l'agence.

Article 19. La fonction de membre du Conseil d'administration est gratuite. Toutefois, la participation aux travaux du Conseil donne droit à des allocations forfaitaires de présence dans les conditions fixées par les textes en vigueur.

SECTION II
DU CONSEIL SCIENTIFIQUE

Article 20. Le Conseil scientifique est un organe technique et consultatif dont la mission est de renforcer la coordination scientifique de l'Agence Nationale de la Recherche. Le Conseil scientifique est le garant de la qualité et du niveau des recherches financées par l'agence.

Article 21. Occupant une place centrale dans l'évaluation des projets de recherche, le choix et le suivi des différentes activités de recherche, le Conseil scientifique a pour mission d'apprécier la pertinence, la faisabilité, la mise en œuvre de la méthodologie et du protocole expérimental, la description du projet, la valeur scientifique des résultats escomptés et la contribution de la recherche dans la résolution des problèmes de développement auxquels le Gabon est confronté.
A ce titre, il évalue :

- la capacité scientifique du chercheur ou de l'équipe de recherche impliquée(e) dans l'exécution du projet soumis (évaluation de cursus, des travaux, des expériences, etc.),
- les hypothèses et la pertinence du projet soumis,
- le plan de recherche et le chronogramme ;
- le budget sollicité.

Article 22. Le Conseil scientifique est constitué de douze (12) membres, essentiellement des universitaires de haut niveau dans les domaines suivants, un par domaine :

- Lettres et Sciences Humaines,
- Sciences Sociales,
- Economie et Gestion,
- Sciences Juridiques,
- Agronomie et Agro-industries,
- Foresterie et Ecologie,
- Environnement et Lutte contre le changement climatique,
- Santé,
- Sciences marines et écosystèmes aquatiques,
- Mathématiques,
- Informatique et technologies,
- Sciences expérimentales.

Le Conseil scientifique peut faire appel à des utilisateurs des résultats de la recherche à titre consultatif : opérateurs privés, ONG, Ministères techniques (Agriculture, Eaux et Forêts, Santé, etc.), etc.

Article 23. Les membres du Conseil scientifique sont désignés par arrêté du Ministre chargé de la Recherche Scientifique parmi les meilleurs experts dans les domaines mentionnés à l'article 22 ci-dessus .

Article 24. Le Conseil scientifique est présidé par un Président, nommé par arrêté du Ministre en charge de la Recherche scientifique parmi les experts désignés à l'article 22 ci-dessus.
Le mandat du Président du Conseil scientifique est de cinq ans non renouvelable.

Article 25. Le Secrétariat du Conseil scientifique est assuré par le Directeur scientifique de l'agence. Il est chargé en même temps :

- de la circulation des documents entre les membres du Conseil scientifique,
- de la rédaction des procès-verbaux de réunions du Conseil scientifique,
- de leur circulation auprès des membres du Conseil scientifique,
- de la transmission des dossiers à la Direction générale de l'agence.

Article 26. Le Conseil scientifique se réunit deux fois par an, de préférence 30 jours avant la réunion du Conseil d'administration de l'agence, au cours de laquelle les futures orientations de l'année sont présentées. Les projets de recherche soumis à l'agence pour une demande de financement) à examiner par le Conseil scientifique devront parvenir à ses membres au moins un mois avant la date de la réunion, afin de permettre un travail préparatoire de qualité.
Les membres du Conseil scientifique pourront, en cas de nécessité et en fonction de leur domaine de compétence, être consultés par courrier ou sur simple invitation s'ils sont sur place, au cours de l'année. Ils seront tenus de faire parvenir leurs remarques au Directeur scientifique de l'agence dans le mois qui suit la réception du document ou l'invitation.

Article 27. Le Conseil scientifique ne peut valablement délibérer que si la moitié plus un de ses membres ou de leurs représentants sont présents. Si le quorum n'est pas atteint, le Conseil est à nouveau convoqué avec le même ordre du jour dans un délai de dix (10) jours. Il délibère alors sans condition de quorum.

Article 28. Les délibérations sont adoptées à la majorité des voix des membres présents ou représentés, sauf pour ce qui concerne le règlement intérieur de l'établissement qui est adopté à la majorité absolue des membres du Conseil. En cas de partage égal de voix, celle du Président est prépondérante.

Article 29. Les décisions du Conseil scientifique sont constatées par des procès-verbaux de séance signés par le Président et le Secrétaire de séance.

Article 30. Le Secrétariat du Conseil scientifique est assuré par la Direction scientifique de l'agence, qui veille à l'organisation des séances et la conservation des archives.

Article 31. Interdiction est faite aux membres, sauf autorisation spéciale du Conseil de prendre ou de conserver un intérêt direct ou indirect dans les projets de recherche soumis à l'agence pour une demande de financement.

Article 32. La fonction de membre du Conseil d'administration est gratuite. Toutefois, la participation aux travaux du Conseil donne droit à des allocations forfaitaires de présence dans les conditions fixées par les textes en vigueur.

Article 33. Un règlement intérieur adopté par les membres du Conseil et validé par arrêté du Ministre en charge de la Recherche scientifique précisera les modalités de fonctionnement du Conseil scientifique.

Article 34. La fonction de membre du Conseil scientifique est gratuite. Toutefois, la participation aux travaux du Conseil donne droit à des allocations forfaitaires de présence dans les conditions fixées par les textes en vigueur. Ces allocations sont payées sur le budget de fonctionnement de l'agence.

SECTION III
DE LA DIRECTION GENERALE

Article 35. La direction générale assure la gestion technique, administrative et financière de l'agence.
A ce titre, elle est notamment chargée :

- de veiller au bon fonctionnement de l'agence,
- de préparer les projets de budgets, de statuts et de règlement intérieur,
- d'assurer la coordination des services,

- d'exécuter et suivre les délibérations du Conseil d'administration,
- d'administrer les ressources humaines, financières et matérielles de l'agence,
- de lancer les appels d'offre pour le financement des projets de recherche,
- de préparer les réunions du Conseil d'administration,
- de représenter l'agence dans tous les actes de la vie civile, sous réserve des limites fixées par les textes en vigueur,
- d'établir des partenariats,
- d'ester en justice.

Article 36. La direction générale est placée sous l'autorité d'un directeur général. Le directeur général est choisi parmi les personnalités ayant une compétence scientifique dans les domaines d'activités de l'établissement et nommé par décret pris en Conseil de ministres, pour un mandat de cinq années renouvelable une seule fois.

Article 37. Le directeur général est l'ordonnateur du budget de l'agence.

Il est assisté d'un directeur général adjoint nommé dans les mêmes formes et conditions.

Article 38. La direction générale comprend :

- la direction administrative,
- la direction scientifique,
- la direction de l'informatique et des statistiques,
- la direction financière.

Article 39. Les attributions et l'organisation des directions visées à l'article 38 ci-dessus sont fixées par les statuts approuvés par décret.

SECTION IV
DE L'AGENT COMPTABLE

Article 40. L'agence comptable est placée sous l'autorité d'un agent comptable nommé conformément aux textes en vigueur.

Les attributions, l'organisation et le fonctionnement de l'agence comptable sont fixés conformément aux dispositions des textes en vigueur.

CHAPITRE TROISIEME
DES PERSONNELS

Article 41. Les personnels de l'agence sont constitués d'agents publics mis à disposition ou en position de détachement et d'agents régis par le Code du travail.

CHAPITRE QUATRIEME
DES RESSOURCES

Article 42. Les ressources financières de l'agence sont constituées par :

- les dotations budgétaires de l'Etat,
- les subventions,
- les ressources propres,
- les contributions des organismes nationaux et internationaux publics ou privés,
- les honoraires d'expertise et autres redevances pour services rendus,
- les produits des travaux de recherche et d'études pour le compte de tiers,
- les produits résultant de la vente des publications,
- les dons et legs.

Article 43. La subvention affectée à l'agence est inscrite annuellement dans la Loi des finances.

CHAPITRE CINQUIEME
DISPOSITIONS DIVERSES ET FINALES

Article 44. Les autres dispositions relatives à l'organisation et au fonctionnement des organes visés à l'article 6 ci-dessus sont fixées par les statuts approuvés par décret.

Ces statuts sont complétés, le cas échéant, par le règlement intérieur. Celui-ci est matérialisé par arrêté du Ministre assurant la tutelle technique.

Article 45. Des textes réglementaires déterminent, en tant que de besoin, les dispositions de toute nature nécessaire à l'application du présent décret.

Article 46. Le présent décret, qui abroge toutes dispositions antérieures contraires, sera enregistré, publié selon la procédure d'urgence et communiqué partout où besoin sera.

Fait à Libreville, le

TABLE DES MATIERES

L'HARMATTAN ITALIA
Via Degli Artisti 15; 10124 Torino

L'HARMATTAN HONGRIE
Könyvesbolt ; Kossuth L. u. 14-16
1053 Budapest

L'HARMATTAN KINSHASA
185, avenue Nyangwe
Commune de Lingwala
Kinshasa, R.D. Congo
(00243) 998697603 ou (00243) 999229662

L'HARMATTAN CONGO
67, av. E. P. Lumumba
Bât. – Congo Pharmacie (Bib. Nat.)
BP2874 Brazzaville
harmattan.congo@yahoo.fr

L'HARMATTAN GUINÉE
Almamya Rue KA 028, en face du restaurant Le Cèdre
OKB agency BP 3470 Conakry
(00224) 60 20 85 08
harmattanguinee@yahoo.fr

L'HARMATTAN CAMEROUN
BP 11486
Face à la SNI, immeuble Don Bosco
Yaoundé
(00237) 99 76 61 66
harmattancam@yahoo.fr

L'HARMATTAN CÔTE D'IVOIRE
Résidence Karl / cité des arts
Abidjan-Cocody 03 BP 1588 Abidjan 03
(00225) 05 77 87 31
etien_nda@yahoo.fr

L'HARMATTAN MAURITANIE
Espace El Kettab du livre francophone
N° 472 avenue du Palais des Congrès
BP 316 Nouakchott
(00222) 63 25 980

L'HARMATTAN SÉNÉGAL
« Villa Rose », rue de Diourbel X G, Point E
BP 45034 Dakar FANN
(00221) 33 825 98 58 / 77 242 25 08
senharmattan@gmail.com

L'HARMATTAN BÉNIN
ISOR-BENIN
01 BP 359 COTONOU-RP
Quartier Gbèdjromèdé,
Rue Agbélenco, Lot 1247 I
Tél : 00 229 21 32 53 79
christian_dablaka123@yahoo.fr

Achevé d'imprimer par Corlet Numérique - 14110 Condé-sur-Noireau
N° d'Imprimeur : 111046 - Dépôt légal : septembre 2014 - *Imprimé en France*

www.ingramcontent.com/pod-product-compliance
Lightning Source LLC
LaVergne TN
LVHW011252061026
849535LV00005B/1234